AF343628

HISTOIRE

DES
PHILOSOPHES ANCIENS,

Jusqu'à la renaissance des Lettres,

AVEC LEURS PORTRAITS,

Par M. SAVÉRIEN.

TOME QUATRIEME.

A PARIS,

Chez F. Amb. Didot, aîné, Libraire & Imprimeur, rue
Pavée, près du quai des Augustins, à la Bible d'or.

===

M. DCC. LXXII.

Avec Approbation, & Privilege du Roi.

TABLE

DES PHILOSOPHES
Du quatrieme Volume.

SÉNÈQUE.

HISTOIRE
DES
ANCIENS PHILOSOPHES.

MÉTAPHYSICIENS, MORALISTES, ET LÉGISLATEURS.

SENEQUE*.

Tout le monde fait qu'*Alexandre* en ruinant l'empire des Perses, fans pou-

---

* *L. Annæi Senecæ Vita*, par *Jufte Lipfe*, à la tête de l'édition *Variorum* des ouvrages de *Seneque*. *Vita L. Annæi Senecæ*, à la tête de la collection de fes ouvrages, de l'édition de 1702. *L. Annæi Senecæ Epiftolæ. Hiftoire des Empereurs*, par M. *Lenain de Tillemont*, tom. I. *Dictionnaire de Bayle, Vie de Seneque*, à la tête des *Penfées de Seneque*, recueillies par M. *Angliviel de la Beaumelle*. Et fes ouvrages.

 A

voir établir le sien , forma plusieurs Souverains ; que ces Princes , dans le dessein de s'agrandir, troublerent tout l'empire d'Orient par des dissentions continuelles ; que les Romains profiterent de leurs divisions, & réunirent ces différents Etats sous leur domination ; mais que les querelles particulieres qui se formoient sans cesse entre des citoyens égaux , causerent des guerres civiles continuelles ; & enfin que Rome ne goûta les douceurs de la paix que sous *Auguste* , son premier Empereur.

Ce Prince, pour affermir la félicité publique , voulut faire fleurir les lettres dans son empire : il crut que c'étoit le seul moyen d'y ramener les beaux jours. Sa Cour également polie & spirituelle devint le séjour des gens d'esprit. Dans la vue d'adoucir les mœurs des Romains , il estima convenable d'adopter la Philosophie d'*Epicure* , & de la préconiser, parceque cette Philosopihe, qui consiste dans la pratique de la volupté , étoit , selon lui , la plus capable de produire cet effet.

Sous son gouvernement , qui fut celui de la douceur & de la bienfaisance , les Romains devinrent tranquilles , polis

& délicats : mais *Tibere*, son successeur, quoiqu'élevé dans l'étude des Langues Grecque & Latine, ayant frayé le chemin de la tyrannie, il fallut aux Romains une Philosophie plus forte & plus courageuse pour supporter les excès & les bizarreries du nouveau gouvernement. Celle de *Zénon*, ou des Stoïciens, parut plus convenable à la tyrannie, & elle devint absolument nécessaire sous le regne de *Néron*, qui enchérit infiniment sur les cruautés de *Tibere*, malgré la bonne éducation qu'il reçut d'un des grands Philosophes de l'antiquité.

C'est celui dont je vais écrire l'histoire, Stoïcien ferme & courageux, qui à une imagination fleurie joignoit les connoissances les plus étendues. Il s'appelloit SENEQUE. Il naquit à Cordoue, ancienne Colonie Romaine, de *Marcus Annæus Seneque*, Chevalier Romain, lequel étoit homme de lettres. Il aimoit sur tout l'éloquence, & il avoit recueilli les déclamations des plus célebres Orateurs de son temps, qu'il avoit publiées avec des préfaces de sa composition. Ce travail lui avoit fait une réputation. Il quitta Cordoue pour venir s'établir à Rome , & il y arriva environ quinze ans avant la mort de d'*Auguste*.

Ce fut dans cette ville que le jeune SENEQUE reçut les premiers éléments de l'éducation. Son pere qui avoit reconnu dans son fils du goût pour les lettres , cultiva avec soin ces heureuses dispositions. Il le mit sous la discipline d'un Savant , nommé *Atalus* , qui commença par exiger de lui qu'il fît un noviciat d'un année entiere dans la *Secte* de *Pythagore* , sans manger ni chair ni poisson , afin que son esprit en devînt plus subtil. SENEQUE se trouva si bien de son régime de vie , par rapport aux facultés de l'esprit , qu'il avoit résolu de le continuer plus long-temps ; mais son pere ne voulut pas le permettre , parcequ'il craignoit que cette vie austere ne fût préjudiciable à sa santé. Seulement il obtint qu'il s'abstiendroit de manger certains mets , comme des huîtres , des champignons , &c. parceque c'étoient , selon lui , plutôt des ragoûts qu'une nourriture.

Il persista aussi à ne boire que de l'eau, à ne point user de parfums , à coucher sur un seul matelas très dur , & à dormir fort peu.

Son pere le deſtina à l'éloquence du barreau, qui étoit chez les Romains le moyen le plus efficace pour acquérir les honneurs & des dignités. SENEQUE y parut avec éclat : ſon éloquence y fut goûtée, & il devint bientôt l'Orateur à la mode : cependant ce ſuccès lui coûta preſque la vie.

Caligula, qui couroit la même carriere que lui, fut jaloux de ſa réputation. Il réſolut de ſe délivrer d'un rival ſi dangereux pour ſa gloire : mais une femme lui ſauva la vie. Elle conſeilla à l'Empereur de laiſſer agir la nature, qui le vengeroit bientôt des torts que SENEQUE avoit de l'emporter ſur lui par le mérite, attendu ſes infirmités, & particuliérement la phthiſie dont il étoit attaqué.

Effectivement il étoit tourmenté d'un aſthme violent & continuel, ſujet aux hémorrhoïdes, fiévreux, étique, en un mot il étoit en proie à tous les maux du corps ; tellement que, las de mener une vie languiſſante, il voulut pluſieurs fois la finir en ſe donnant la mort ; mais ſon pere, qui l'aimoit tendrement, ſoutint ſon ame abattue, & lui fit paſſer ce temps douloureux de ſa jeuneſſe.

Pour fortifier son tempérament va-
létudinaire, on conseilla à son pere de
lui faire changer d'air. Son oncle ma-
ternel ayant obtenu le gouvernement
de l'Egypte, s'offrit de le mener avec
lui. SENEQUE accepta cette offre avec
joie, parcequ'il espéra satisfaire le desir qu'il avoit d'étudier la nature. C'étoit
un goût particulier qu'il avoit apporté
en naissant, & que n'avoit point altéré
son application à l'éloquence. Il s'y livra tout entier; & ses observations lui
procurerent plusieurs découvertes sur
la physique, qu'il apporta à Rome
comme un précieux trésor, dont il résolut de gratifier le Public.

Ce fut le seul bien qu'il gagna en
Egypte. Sa santé qui avoit été le but de
son voyage ne s'en trouva pas mieux:
il arriva à Rome aussi malade qu'il en
étoit parti; mais enfin l'âge ayant aug-
menté ses forces, ses maux diminue-
rent. Ses parents, persuadés qu'une
compagne aimable qui auroit soin de
lui, pourroit rétablir sa santé, songe-
rent à le marier. On ne connoît point la
personne qu'il épousa: seulement on sait
qu'il en eut un plusieurs enfants, & qu'il
la perdit quelques années après qu'il l'eut
épousée.

Sa mere, nommée *Helvie*, qui l'aimoit tendrement, exigea de lui qu'il prît un état. Quoiqu'absolument retirée du monde, & qu'elle dédaignât & les Grands & les grandeurs, elle sortit de son caractere pour solliciter la questure en sa faveur; & elle l'obtint. SENEQUE ne fut pas si flatté d'avoir cette place, qu'*Helvie* l'avoit été de la lui avoir procurée; son goût pour la vie privée & pour l'étude des lettres & de la Philosophie, ne se concilioit pas avec les embarras d'une charge. Il préféra le plaisir de cultiver sa raison, à l'honneur d'avoir part aux affaires publiques, & il abandonna volontiers les avantages que ce soin procuroit à ceux qui en sentoient mieux le prix: d'ailleurs il croyoit que le Sage devoit commencer à s'instruire lui-même avant que de se mêler de conduire les autres.

Il chercha donc dans les livres des Philosophes des moyens pour former son esprit & son cœur, & il n'en trouva pas de plus efficaces que ceux que proposoient les Stoïciens dans leur système. Il crut que leur Morale étoit la plus raisonnable, parcequ'elle étoit sans doute plus conforme à l'austérité & à la gravité de son caractere. Il ne l'adopta pas néanmoins absolument, & il écarta quelques opinions qui lui parurent répréhensibles : il sut encore accorder le systême d'*Epicure* avec la doctrine de *Zénon*. Il forma ainsi une nouvelle Philosophie, dont il donna des leçons publiques à Rome avec le plus grand succès. Son auditoire étoit composé des personnes de la premiere distinction, de tout âge & de tout sexe.

Il composa ensuite un Traité sur la colere, dans lequel il peignit très bien ce mouvement violent de l'ame. Après avoir montré que la colere ne respire que le sang, la vengeance & le carnage, qu'elle foule aux pieds les bienséances, qu'elle ne connoit ni parents ni amis, qu'elle n'écoute ni la raison ni les conseils ; qu'un homme en colere est véritablement fou, que ses yeux s'enflament, que son sang s'allume, que ses cheveux se hérissent, qu'il grince les dents, qu'il halete, qu'il frémit, il conclut que la colere est un vice, & il donne tous les moyens dont on peut faire usage pour la dompter, soit en méprisant le premier mouvement de la colere,

ſoit en en étouffant le germe dès ſa naiſ-
ſance, en s'en rendant le maitre pour n'y
point ſuccomber.

Il y a dans ce Traité une queſtion
aſſez curieuſe. La colere augmente-
t-elle la valeur des guerriers ? Non, dit
Seneque : la vertu n'a pas beſoin du ſecours du vice, elle ſe ſuffit à elle-même.
Mais la valeur eſt - elle véritablement
une vertu ? Toutes les actions que la
vertu inſpire, méritent le nom de bien
ſuivant ce Philoſophe. Cela étant, on
peut demander ſi l'action de tuer un
homme, pour quelque raiſon que ce
ſoit, eſt digne de ce nom. Cette action
eſt contraire au droit naturel : donc c'eſt
un vice. D'ailleurs ce n'eſt point avec
tranquillité, avec ſang froid qu'on peut
la commettre, puiſqu'elle répugne aux
ſentiments de la nature. La colere
étouffe ces ſentiments qui parlent dans
notre cœur en faveur de notre ſemblable, & par conſéquent donne le courage
que requiert la valeur (1).

____

(1) Je demande au Lecteur la permiſſion de rapporter un
trait aſſez plaiſant, mis ſur la Scene Italienne, par lequel
on décide la queſtion de l'utilité de la colere dans la valeur. Scapin fâché de ce qu'Arlequin lui a ravi le cœur de
ſa maitreſſe, veut ſe battre avec lui ; Arlequin refuſe le

Quoi qu'il en soit de cette question , que je ne prétends pas décider , ce Traité fit un honneur infini à notre Philosophe. Il ne parut qu'après la mort de *Caligula* , parceque ce Prince y est fort maltraité. *Claude* succéda à *Caligula* , & signala son regne par la douceur & la justice. Il rappella ses deux nieces , *Agrippine* & *Julie* , de l'isle Ponce , où *Caligula* les avoit exilées : ce qui ne plut pas à *Messaline* , son épouse.

Julie étoit aimable , & l'Empereur s'entretenoit volontiers avec elle. Ces conversations exciterent la jalousie de *Messaline*. Elle résolut de se défaire d'une rivale qui lui enlevoit le cœur de son mari ; & comme elle n'aimoit pas SE-NEQUE , qui de son côté la mésestimoit assez , elle en fit un amant de *Julie*. On ne sait point quelles furent ses preuves pour le persuader à l'Empereur ; mais il est certain que ce Prince crut que *Julie*

---

combat, & s'excuse sur ce qu'il est tranquille. Tu es en colere, dit-il, à Scapin, & c'est un avantage que tu as sur moi, dont tu ne dois pas abuser. Mets-moi en colere, & tu verras que je ne le cede point à un autre en fait de bravoure. Scapin fait tout ce qu'il peut pour mettre Arlequin en colere, & il ne peut y réussir. La partie est renvoyée au temps où Arlequin & Scapin seront également en colere, parceque, selon eux, ils se battront alors à armes égales.

& SENEQUE étoient coupables du crime qu'on leur inculpoit : il crut donc devoir les punir, & les exila tous les deux. Notre Philofophe fut relégué dans l'ifle de Corfe : il avoit alors quarante ans.

C'eft un problême qui n'eft pas encore réfolu, de favoir fi notre Philofophe a eu un commerce d'amour avec la Princeffe : il n'y a pas lieu de le croire. Premiérement il étoit affez laid ; en fecond lieu il étoit peu au fait des intrigues d'amour, & enfin il n'avoit point d'état à la Cour de l'Empereur, qui le mit à portée de vivre familiérement avec des Princeffes.

Quoi qu'il en foit, il fortit de Rome fans peine ; mais il eut la douleur de voir mourir un de fes enfants avant que de partir, & d'apprendre que fa mere étoit inconfolable de fa difgrace. Après avoir effuyé fes larmes fur la perte de ce fils, il fe hâta de confoler fa mere. Il lui écrivit une lettre, dans laquelle il raffembla tous les motifs de confolation que la Philofophie & la tendreffe filiale peuvent fuggérer. *Je ne fuis point malheureux,* lui écrit-il ; *& qui plus eft, je ne faurois le devenir : non que je prétende me donner pour fage ; car, fi je pouvois me flatter* *de mériter ce titre , je me croirois le plus heureux des mortels ; mais je me suis livré à des amis sages , & c'en est assez pour adoucir tous mes maux . . . . Au reste voici quelle est l'idée que vous devez avoir de moi. Je suis aussi gai, aussi content que si j'étois à Rome. He ! comment ne le serois-je pas, mon esprit étant exempt de toute idée étrangere , & ne s'occupant que de lui-même ? Je m'amuse tantôt à des ouvrages d'esprit , tantôt je médite sur la nature de l'homme & sur celle de l'univers. Je prends l'essor vers les objets divins : je jouis de ce spectacle délicieux ; mon esprit ne perd point de vue son immortalité , & il parcourt le temps passé & le temps à venir.*

Pendant trois années consécutives Seneque soutint ainsi les maux de l'exil ; mais l'ennui de se voir éloigné de sa famille & de sa patrie, prit enfin le dessus. Son Stoïcime l'abandonna , & sa patience fut à bout. Las d'habiter un pays sauvage , d'avoir toujours à faire à des gens rustres & ignorants , il songea aux moyens de revoir Rome , & il résolut de mettre en œuvre pour cela tout ce qui pourroit lui procurer cet avantage. Dans cette disposition il apprit qu'un affranchi de l'Empereur , & qui étoit en même

me

me temps son favori, nommé *Polybe*, venoit de perdre son frere : il saisit cette occasion pour lui demander sa protection auprès de l'Empereur, & il lui écrivit une lettre de consolation, où pour l'intéresser en sa faveur il lui donna mille louanges, sans savoir s'il les méritoit, & dont à coup sûr il n'étoit pas digne : flatterie basse & honteuse qui tache la mémoire de notre Philosophe. Il se déshonora encore davantage par les éloges dont il combla l'Empereur : il le traita de divinité de la terre, l'appella pere de la patrie, loua sa clémence & sa valeur, & le remercia de ce qu'il avoit bien voulu le châtier en l'exilant.

Cette piece est si méprisable à tous égards, que quelques Savants ont douté qu'elle fût de Seneque ; mais ce doute n'est point fondé. Il n'est que trop certain que ce Philosophe en est l'auteur. Il y a plus, c'est qu'on a encore de lui une Tragédie intitulée *Medée*, qu'il composa lorsque *Claude* porta la guerre dans la Grande Bretagne, où la flatterie & l'adulation sont portées à l'extrême. Il est presque incroyable que Seneque se soit oublié jusqu'à ce point là.

Un Philosophe qui n'a pas assez de fermeté pour supporter les disgraces de la fortune, n'est point un Philosophe. Le Sage, dit *Zénon*, se suffit à lui même ; & SENEQUE, en qualité de Stoïcien, étoit disciple de *Zénon*. Comment concilioit il donc sa conduite avec ses principes ? Mais le Sage n'est pas toujours sage, & il est des moments où il peut éprouver toutes les foiblesses de l'humanité.

Voilà ce qu'on peut dire de mieux, je crois, pour justifier SENEQUE. Cependant tout cet encens fut perdu, & ce Philosophe n'eut que la douleur & la honte de l'avoir brûlé inutilement. Il languit encore pendant plusieurs années dans l'isle de Corse, & il comptoit y mourir, lorsque la providence l'en fit sortir par un événement que le temps amena.

Claude avoit épousé en secondes noces *Agrippine*, sa niece, veuve de *Domitius Ænobarbus*, dont elle avoit un fils, si connu sous le nom de *Néron*. C'étoit une femme fiere & violente, qui avoit l'ambition de regner d'abord, & de faire monter ensuite *Néron* sur le trône, au préjudice de *Britannicus* qu'elle avoit eu de *Claude*, à qui par conséquent le sceptre appartenoit de droit.

L'Empereur se douta du projet : il voulut en empêcher l'exécution en faisant quelques changements qui missent l'Impératrice dans l'impossibilité de l'exécuter; mais *Agrippine* le prévint en l'empoisonnant, & s'empara sur le champ des rênes du gouvernement. Pour s'y maintenir, elle tâcha de capter la bienvaillance du peuple, & elle jugea qu'un moyen infaillible d'y parvenir, étoit de favoriser SENEQUE, dont la réputation étoit si bien établie à Rome, que, malgré huit années d'exil, il y étoit toujours universellement estimé.

Elle le rappella donc, l'éleva à la Préture, & le chargea de l'éducation de *Néron*, conjointement avec *Burrhus*, vieux militaire qui étoit fort chéri du soldat & du peuple. *Néron* se trouva ainsi entre les mains des deux hommes les plus recommandables de l'empire. *Burrhus* lui apprenoit l'art de gouverner & celui de la guerre, & SENEQUE lui apprenoit la morale, la législation & l'histoire. Celui-là l'exhortoit à être humain, doux & bienfaisant ; celui-ci lui exposoit les avantages du savoir, le prix de la

vertu, les biens de la fageffe. L'un &
l'autre travailloient à former fon cœur
& à éclairer fon efprit. Mais quoiqu'on
dût attendre les plus beaux fruits d'une
fi bonne éducation, rien ne put étouffer le germe d'un caractere exécrable
qui fe développa avec l'âge.

Arippine récompenfa toujours en Impératrice les foins & les peines de SE-
NEQUE. Ce Philofophe étoit déja fort
riche ; mais les nouveaux bienfaits de
cette Princeffe, & les legs teftamentai-
res qu'on ne manquoit jamais de faire à
ceux qui étoient à la tête des affaires,
augmenterent prodigieufement fa fortune. Il reçut auffi de *Néron* plufieurs
gratifications, qu'il ne put fe difpenfer
d'accepter ; ce fut pour avoir fon approbation, ou du moins pour l'obliger
à garder le filence fur le crime qu'il venoit de commettre en empoifonnant
Britannicus, véritable héritier de la couronne qu'il avoit ufurpée. Ce Prince ne
laiffoit échapper, outre cela, aucune occafion de lui faire des préfents : il vouloit abfolument l'enrichir. Il eft honteux, difoit il, de voir que des affran-
chis foient plus riches que SENEQUE, &
que la perfonne qu'il eftimoit le plus ne
fût pas comblée de fes bienfaits.

Tant de richesses accumulées rendirent enfin notre Philosphe le particulier
le plus opulent qu'il y eût à Rome. Il
avoit des maisons de campagne d'une
magnificence royale ; ses meubles
étoient très somptueux & très recher-
chés ; & parmi son luxe de table on
comptoit cinq cents tables à manger,
de bois de cedre, dont les pieds étoient
d'ivoire.

Ce luxe & ce faste lui firent des jaloux & des ennemis. En évaluant ses
biens, on trouva qu'il possédoit plus de
trente millions. Ce n'étoit pas là la fortune d'un Philosophe ; aussi l'accusa-t-on
d'avoir grossi ses trésors par des voies
iniques. Est-ce en étudiant la morale,
en cultivant les sciences, qu'on amasse
des millions en quatre ans à la Cour ?
C'est la demande qu'on lui fit ; & on
ajouta que ces millions étoient le fruit
d'un certain manege, par le moyen duquel il extorquoit les successions de ceux
qui n'avoient point d'enfants, & celui
de ses usures qui ruinoient l'Italie & les
Provinces.

Malgré tout cela, SENEQUE ne se
départoit pas de ses principes. Il pro-
fessoit ouvertement le Stoïcisme le plus

rigide. Il déclamoit contre les richeſſes,
& aſſurément il faiſoit fort à ſon aiſe l'é-
loge de la pauvreté. On ſe moqua de
lui ; & le ſarcaſme fut pouſſé ſi loin,
qu'il crut devoir faire ſon apologie. Il
compoſa à cet effet un *Traité de la vie
heureuſe*, dans lequel il avoue naturellement ſes torts.

Je ne me donne point pour ſage, dit-il dans
cet ouvrage, *& peut-être ne le ſerai-je
jamais. Content de me corriger chaque jour
de quelque défaut, je n'aſpire point à une
perfection au-deſſus de mes forces... Dans
mes Traités de morale je ne parle pas de
moi, mais de la vertu : en faiſant le procès au vice, je me le fais à moi-même. Je
continuerai à louer juſqu'au dernier ſoupir,
non la vie que je mene, mais celle que je
dois mener....*

*On me reproche mes grands biens. Le
Sage ne court pas à la verité après les richeſſes, mais il les préfere à la pauvreté : il
ne les reçoit pas dans ſon cœur, mais dans
ſa maiſon, & il s'en ſert pour ouvrir une
plus grande carriere à ſa vertu. Pourquoi la
Philoſophie ſeroit-elle incompatible avec
l'opulence ? Le Philoſophe riche, au lieu
de rougir de ſes richeſſes, pourra s'en glorifier, ſi perſonne ne peut en revendiquer
la moindre partie.*

Seneque se justifioit encore mieux par sa conduite, que par ses préceptes; car les actions sont plus éloquentes que les discours. Il faisoit vivre plusieurs citoyens par ses libéralités; il aidoit, autant de sa bourse que de ses lumieres, les jeunes gens studieux; il secouroit les Philosophes indigents, & ses trésors étoient ouverts à tous les Savants.

D'ailleurs, quoique sa table fût abondante & délicate, quoiqu'il eût un train nombreux & magnifique, & qu'il fit une figure brillante, il étoit extrêmement frugal, & toujours ennemi de l'éclat. Cela devoit désarmer ses censeurs; mais il donna prise à leur méchanceté, en faisant un mariage qui paroissoit déceler beaucoup d'orgueil & d'ambition.

Il épousa en secondes noces une fille de haute qualité, nommée *Pompeia Paulina*, jeune, aimable, spirituelle, & fort riche. Ses ennemis trouverent ce mariage fort disproportionné, & en firent des railleries piquantes; mais Seneque se consola de cette sorte de disgrace dans les bras de sa chere épouse. *Il est bien doux*, écrit-il à son ami *Lucilius, de voir qu'il y a en moi, tout vieux que je suis, une jeune personne que je soi-*

gne en me soignant moi-même. Pourquoi ré-sister à cette honnête passion ? C'est une foiblesse que de ne savoir pas vivre par tendresse pour une femme ou pour un ami. Quoi de plus agréable que d'être si chéri d'une femme, qu'on ne s'en chérisse plus soi-même ?

C'étoit bien prendre les choses. On croit aisément qu'un vieillard s'accommode assez d'une épouse jeune & jolie, & qui a beaucoup d'amitié pour lui ; mais cette félicité dont jouissoit notre Philosophe dans la société de son épouse, n'auroit pas été complette, s'il n'eût cultivé les Muses avec lesquelles il avoit été, pour ainsi dire, élevé.

J'ai dit que dans le voyage qu'il fit en Egypte, il avoit fait plusieurs observations & découvertes sur la nature. A la campagne, où il étoit souvent avec sa chere *Pauline*, il s'amusa à lire ce qu'il avoit écrit en Egypte, & cet amusement devint une occupation sérieuse. Il s'engagea sans s'en appercevoir dans une étude assez approfondie de la Physique. Il se fit des questions qu'il voulut résoudre; & les solutions qu'il en donna, formerent un ouvrage assez étendu, qu'il fit paroître sous le titre de *Questions naturelles*, adressés à son ami *Lucilius*.

Voici e syſtême renfermé dans ces queſtions.

Dieu eſt l'ame du monde ; & cette
ame qui y eſt également répandue ,
agite & vivifie tout l'univers : ainſi
chaque élément a une vie qui lui eſt
propre. La terre a par conſéquent une
ame qui ſe répand par tous ſes pores.
C'eſt cette ame qui nourrit les arbres &
les plantes , qui fait éclore les fleurs &
les fruits , qui produit les métaux & les
pierres précieuſes,&c. Il y a plus : cette
ame agit même ſur le ciel & les aſtres
qui environnent la terre , & c'eſt ſon
ſouffle qui entretient leur force & leur
éclat. Mais qu'eſt-ce que cette ame ?
C'eſt l'air, dit SENEQUE, qui , ſe mouvant avec rapidité , paſſe par des filieres
qui le modifient , comme il doit l'être ,
pour produire tous les êtres. Il y a ,
ajoute ce Philoſophe , dans le ſein de
la terre de grands réſervoirs , qui ne
ſont remplis que d'air , & qui ſont la
matiere de l'ame du monde , qu'ils en-
tretiennent à meſure qu'il s'en diſſipe
dans les aſtres & dans les cieux. C'eſt
cet air qui forme les tremblements de
terre , les volcans , l'arc-en-ciel , les
parélies , & les autres phénomenes de

la nature. En un mot il eſt le principe
& l'agent de toutes choſes.

Quoique SENEQUE crût cela véritable, néanmoins il explique particuliérement la formation de la grêle, de la
neige, de la glace, de la pluie, qu'il
attribue à l'action du ſoleil, laquelle
forme les nuées & par conſéquent la
pluie, & à celle des nuées qui conver-
tiſſent cette pluie ſoit en neige ou en
glace, en interceptant la chaleur des
rayons du ſoleil. Il parle auſſi des cometes qu'il croit être une matiere en-
flammée. Mais toute cette Phyſique eſt
peu de choſe. Ce qui rend ſur-tout les
queſtions naturelles eſtimables, c'eſt
l'érudition qu'on y trouve, & les obſer-
vations qu'on y lit : on voit là un homme inſtruit qui ſait voir & qui a bien vu.

C'étoit ſouvent au milieu de la Cour
de *Néron*, que SENEQUE travailloit à
cet ouvrage. Il y étoit extrêmement puiſſant, & ſon autorité étoit preſque ſans
bornes ; mais il n'en fit jamais uſage que
pour obliger ceux qui réclamoient ſa
protection. Ni le rang diſtingué qu'il tenoit à cette Cour, ni les honneurs qu'on
lui rendoit, ne lui firent jamais perdre
de vue les principes de ſageſſe dont il

faisoit profession. Il ne se départit pas
même de ses principes dans le pénible
emploi qu'il avoit accepté de se charger
de l'éducation de *Néron.*

En étudiant son caractere , il reconnut
qu'il avoit le cœur mauvais, & un germe
de scélératesse qui n'attendoit qu'une
occasion favorable pour se dévelop-
per. Il voulut d'abord l'étouffer ; mais il
comprit qu'on pouvoit bien corriger la
nature , & non la changer. Dans cette
vue il composa un Traité de la clémence;
il en écrivit un autre sur les bienfaits :
mais *Néron* n'en retira aucun fruit. Il
faut avoir le fonds vertueux pour sentir
le prix de l'instruction, & ce Prince étoit
un monstre , qui n'avoit de l'homme que
la figure.

Notre Philosophe n'en censuroit pas
avec moins de liberté les écarts de l'Empereur. Un jour *Néron* mécontent de
plusieurs Romains qu'il soupçonnoit de
trahison, voulut les sacrifier à sa colere ;
mais SENEQUE le détourna de ce dessein , en lui disant : *Quelque grand que
soit le nombre des personnes que vous ferez
mourir , vous ne pouvez faire mourir votre
successeur.*

Non content de réprimer ses excès de

cruauté, notre Philosophe le censuroit encore sur ses prodigalités.

Néron ayant fait construire une tente octogone d'un prix & d'une richesse extraordinaires, en reçut des compliments de tous ses courtisans; mais Seneque rabattit cette gloire par ces paroles: *Seigneur*, dit-il au Prince, *une telle depense montre moins votre richesse que votre pauvreté; car si vous perdez votre tente, vous ne pourrez en avoir une pareille.* C'étoit une espece de prédiction sur le sort de cette tente; car la tente fut submergée dans un naufrage.

Cette leçon n'offensa pas *Néron*; il en estima davantage son gouverneur; mais celui-ci ayant voulu blâmer les débauches infames où il se plongeoit avec une concubine nommée *Popée*, il se perdit.

Cette femme possédoit les charmes & les talents les plus séduisants: belle, riche, d'une illustre naissance, elle avoit encore ces dehors imposants qui font le masque de la vertu: elle enflammoit ainsi les desirs, & dans le particulier elle se livroit sans réserve à sa passion pour les plaisirs & pour la volupté.

Seneque songea sérieusement à détacher de *Néron* une femme si dangereuse.

Il lui prêchoit sans cesse l'amour de la vertu, & ne voulut jamais se plier à ses vices : *J'aimerois mieux*, lui disoit-il, *vous offenser par la vérité, que de vous plaire par la flatterie.*

Ces leçons & cette fermeté ne plurent point à *Popée*. Elle regarda SENEQUE comme un censeur importun dont il falloit se débarrasser. A cette fin elle représenta à *Néron* combien le joug de notre Philosophe étoit pesant, & combien il étoit honteux à un Empereur de se laisser ainsi maltraiter. Elle lui faisoit ces reproches dans ces moments de séduction où elle s'étoit rendu maitresse de son esprit & de son cœur en enflammant ses sens. *Néron* se sentoit bien ébranlé, mais il n'avoit point assez de force pour rompre avec son gouverneur: il desiroit pourtant de s'en délivrer.

Il crut d'abord réussir en le traitant avec froideur. Il lui parloit peu, & affectoit de prêter l'oreille aux insinuations de ses ennemis. Il crut l'obliger par là à se retirer ; mais SENEQUE, qui le devina, ne voulut point être la dupe de sa politique. Il voulut en venir à une rupture ouverte. Il offrit de lui rendre tous les biens qu'il avoit reçus de lui, en ne se réservant qu'une pension modique.

Néron fut effrayé de cette proposition. Il craignoit que cette séparation n'indisposât les Romains contre lui. Il n'ignoroit point l'ascendant que son gouverneur avoit sur l'esprit du Peuple. Il tâcha donc de le calmer, de regagner son amitié, & lui jura qu'il périroit plutôt que de lui nuire.

Seneque connoissoit trop bien le cœur de son éleve pour être la dupe de ses protestations. Il se défia de ce changement, & se tint sur ses gardes. Il changea sa maniere de vivre ; il diminua son train, ferma sa porte aux citoyens qui lui faisoient la cour, parut rarement en public, & donna pour prétexte de sa retraite, ou qu'il étudioit, ou qu'il étoit malade.

Malgré ce changement, *Néron* ne perdoit pas de vue le projet qu'il avoit formé de s'en défaire. Il voulut l'empoisonner ; mais la personne qu'il avoit chargée de cette action infame, ne l'exécuta pas. Il consulta sa maîtresse & les ennemis de Seneque sur le moyen le plus convenable de faire mourir ce Philosophe ou secretement, ou avec quelque apparence de justice ; & il fut arrêté qu'on l'accuſeroit d'avoir conſpiré contre l'Empereur, & qu'on le condamneroit enſuite à la mort. Voici comme on s'y prit pour l'inculper de ce crime.

Les Romains, mécontents du gouvernement dur de *Néron*, travailloient ſourdement à rompre les chaînes de leur eſclavage. Ils déſignoient même ſon ſucceſſeur : c'étoit *Seneque*. La haute opinion qu'on avoit de ſa vertu & de ſon ſavoir, la diſtinction dont il jouiſſoit, la ſageſſe de ſa conduite dans les places éminentes qu'il avoit occupées, fixerent les yeux des Romains. On délibéra ſi on ne lui confieroit pas les rênes de l'empire. Un citoyen accrédité, nommé *Calpurnius Piſon*, qui étoit l'ennemi déclaré de *Néron*, parut favoriſer ce deſſein. Il ſe mit à la tête de la conſpitation ; mais il travailla pour ſon compte. Le complot fut découvert, & *Piſon* perdit la vie.

Cependant Seneque avoit ignoré le projet des Romains : il n'avoit même eu aucune connoiſſance de la conſpiration. Cela n'empêcha pas que *Néron* ne l'acuſât d'y avoir eu part : en conſéquence de cette accuſation il lui fit ſon procès dans ſon conſeil ſecret des cruautés, comme on l'appelloit , lequel étoit composé de lui même , de sa concubine *Popée* , d'un certain *Tigellinus* , qui avoit été Préfet du Prétoire , qui causa la mort de *Pétrone* , trahit *Néron* lui même , & périt enfin par ordre d'*Othon* (1).

Cet homme présenta à *Néron* une de ses créatures, un nommé *Natalis*, qui déposa contre SENEQUE , qu'il avoit été le voir de la part de *Pison*, pour se plaindre de ce qu'il ne lui avoit pas permis de le visiter , & que ce Philosophe avoit répondu qu'un entretien fréquent ne pouvoit être utile ni à l'un ni à l'autre , mais que du reste sa vie dépendoit de *Pison*. Après que *Natalis* eut parlé , *Néron* donna ordre à *Silvanus*, Capitaine de ses Gardes , d'aller savoir de SENEQUE s'il avouoit cette déposition. Notre Philosophe avoua la visite de *Natalis*, mais il répondit qu'il s'étoit seulement excusé de voir *Pison* sur ses incommodités & sur son amour pour le repos.

Cette simple déclaration fut un crime d'Etat , & le Conseil conclut que SENE-

---

(1) Cet Empereur étoit une créature de SENEQUE, qui l'avoit fait Préteur de Portugal , lorsqu'il étoit dans la plus haute faveur à la Cour de *Néron* , d'où *Othon* s'étoit élevé à l'empire.

que étoit digne de mort. *Néron* demanda à *Silvanus* si son Gouverneur, après un tel aveu, ne songeoit point à se faire mourir ; & comme le Capitaine des Gardes répondit qu'il ne paroissoit pas y penser, il lui ordonna de lui en aller porter l'ordre : mais cet Officier n'en eut pas le cœur ; il chargea de cette comission un Centenier, qui s'en acquitta.

SENEQUE reçut la nouvelle de cet arrêt sans en être surpris. Il s'attendoit chaque jour à quelque accident sinistre, & il étoit préparé à tout événement ; mais ceux de ses amis qui étoient avec lui, fondirent en larmes, & sa femme se livra au désespoir. Quoiqu'infiniment sensible à la douleur de ses amis & de sa chere *Pauline*, SENEQUE eut encore la force de demander de l'encre & du papier pour écrire ses dernieres volontés, & le Centenier les lui refusa. Alors notre Philosophe se tournant vers ses amis, leur dit : *Puisqu'il ne m'est pas permis de vous laisser des gages de mon amitié & de ma reconnoissance, je vous laisse en mourant l'image de ma vie : c'est le plus beau présent que je puisse vous faire.*

Il tâcha ensuite de les consoler de la

perte qu'ils alloient faire : *Où sont ces maximes de sagesse*, leur dit il, *dont votre esprit & votre cœur paroissoient pénétrés ? Où est la force de cette raison que les réflexions sembloient avoir preparée à tous les événements ? Qui de vous ne connoît pas la barbarie de Néron ? Après avoir percé le sein qui l'a porté, après avoir donné la mort à son frere, on devoit s'attendre qu'il seroit périr son Gouverneur.*

Après avoir prononcé ces mots, il embrassa sa chere *Pauline*, pénétré de douleur & de tendresse, & la conjura de supporter héroïquement cette séparation. *Au lieu de vous livrer à un chagrin éternel, coulez*, lui dit-il, *des jours heureux dans la pratique de la vertu : consolez-vous par des plaisirs honnêtes de la perte de votre mari, qui portera son amour au delà même du tombeau.*

Vivement touchée de ce discours, *Pauline* lui répondit : » En quelque état » que vous soyez, vous aurez toujours » mon cœur ; mais ce cœur doit être » percé avant le votre : nous avons » vécu ensemble, nous mourrons de » même : si l'hymen a uni nos destinées, » la mort en resserrera les nœuds «.

Ces sentiments parurent si beaux à

Seneque, que bien loin de la diſſuader, il l'exhorta à y perſiſter : *Je vous avois indiqué, lui dit-il, les moyens de mener une vie heureuſe ; mais puiſque vous préfé- rez une mort glorieuſe à cette vie, je ne vous envierai pas cet exemple de vertu.*

Sans perdre de temps il fit ouvrir ſes veines & les ſiennes aux bras. Comme ſon ſang couloit lentement, pour hâter ſa mort, il ordonna qu'on lui ouvrît les veines des jambes & du jarret : mais ſon ſang extrêmement appauvri par l'âge & par ſa frugalité, ſortoit à peine de ſes vaiſſeaux. Il crut que la douleur de voir ſouffrir ſa femme ſuſpendoit l'écoule- ment, & il la pria de paſſer dans une autre chambre.

Il tàcha enſuite de donner du mou- vement à ſon ſang, en échauffant ſon imagination ; & ſon eſprit faiſant un der- nier effort, lui ſuggéra pluſieurs maxi- mes, également fines & judicieuſes, qu'il dicta à ſon Secrétaire.

Pendant ce temps-là on apprit à *Né- ron* ce qui étoit arrivé à *Pauline*. Ce Prince craignant qu'on ne lui imputât ſa mort, ordonna qu'on lui donnât tous les ſecours néceſſaires pour la rappeller à la vie : c'eſt à quoi l'on parvint en arrêtant son sang ; mais elle ne cessa de pleurer son mari, & ne mena désormais qu'une vie languissante.

Cependant SENEQUE impatient d'attendre la mort, voulut en hâter le moment. Il demanda à son Médecin du poison, qui ne produisit aucun effet sensible : ses membres froids & languissants ne donnoient pas prise aux impressions du venin. Enfin il s'avisa d'entrer dans un bain chaud, & y rendit les derniers soupirs, âgé de soixante-quatre ans. Avant que d'expirer il arrosa ses domestiques qui étoient autour de lui, & dit d'une voix mourante : *J'offre ceci à Jupiter.* Ce furent ses dernieres paroles.

Ses funérailles se firent sans cérémonie, ainsi qu'il l'avoit demandé dans son testament. On le brûla simplement comme un homme ordinaire. Ce Philosophe fut universellement regretté : il n'y eut que *Néron* qui ne versa point de larmes sur sa tombe, & cette insensibilité fait l'éloge de SENEQUE. Rome perdit en lui un grand Orateur & un savant Moraliste.

Son éloquence pleine d'ornements & de figures agréables, telle qu'on l'aimoit alors, lui avoit acquis une réputation

brillante. Il étoit l'Orateur du temps ,
& ses discours lui avoient mérité le titre
de Prince de l'éloquence : il n'en étoit
cependant pas digne ; car , quoiqu'il eût
l'esprit élevé , l'imagination fleurie , &
des connoissances étendues , les personnes de goût estimerent que le co-
loris de ses peintures étoit trop bril-
lant & trop chargé ; que ses tours
étoient peu naturels , & qu'en altérant
la simplicité noble des anciens , il avoit
achevé de corrompre l'éloquence , qui
avoit déja décliné sur la fin du siecle
d'*Auguste.*

Aussi l'Empereur *Caligula* se moquoit
de son style trop coupé , & il disoit que
ses pieces d'éloquence étoient des pierres sans ciment & du sable sans chaux. Et
Quintilien souhaitoit qu'il eût eu plus de
jugement pour discerner les véritables
beautés des apparentes , & plus de soin
de suivre les anciens , qui connoissoient
la vraie éloquence , afin de s'en former
une plus libre & plus mâle (1). Tel est
aussi le sentiment de *Suétone* (2).

Le discours de Seneque qui justifie
mieux ce jugement, c'est le panégyrique

(1) Quintilien , de Orat. L. 10.
(2) Suétone. C. 53.

de *Claude*, qu'il compofa pour *Néron*, & que ce Prince prononça. Ce ne font que traits d'efprit, figures brillantes, pointes recherchées. Mais ce n'eft point en cela que cet ouvrage eft le plus repréhenfible. Les louanges continuelles & peu méritées qu'il donne à *Claude*, le rendent d'autant plus méprifable, que lors de la mort de cet Empereur, Seneque avoit publié une fatyre extrêmement maligne, dans laquelle il difoit que *Claude*, au lieu d'avoir été changé en Dieu, avoit été métamorphofé en citrouille.

Cette contradiction eft une tache à fa mémoire ; mais il faut avouer auffi qu'il l'a bien lavée par fa fage conduite & par fes beaux fentiments. Tout le monde convient que fa morale eft très belle; & fi l'on en croit *Pétrarque*, *Plutarque* prétendoit que les Grecs n'avoient point eu de plus grand Moralifte. Le Public pourra apprécier ce jugement, en comparant cette morale que je vais analyfer avec celle des Philofophes Grecs, que j'ai expofée dans les trois premiers volumes de cet ouvrage.

On a donné à Leyde en 1672 une belle édition des ouvrages de Seneque, en trois volumes *in*-8°.

Morale de *S E N E Q U E.*

Il y a un Dieu, puisque tout le monde en convient, & qu'il n'est point de nation si barbare & si corrompue qui n'adore quelque divinité. Mais qu'est-ce que Dieu ? C'est l'ame de l'univers : c'est tout ce qu'on voit & tout ce qu'on ne voit pas. C'est un pur esprit qui est le maître du monde : tous les noms lui conviennent. Il est le Destin, parceque tout dépend de lui, qu'il est la cause des causes ; la Providence, parceque sa sagesse regle l'ordre admirable qui regne dans le monde ; la nature, parcequ'il est répandu dans toutes ses parties, & qu'il n'a besoin que de sa propre force pour se soutenir.

Dieu connoit le présent, le passé & le futur. C'est de lui que l'homme tient son existence & sa vie : ce que nous possédons, ce que nous donnons à d'autres, ce que nous leur enlevons quelquefois, nous le tenons de lui. Cet Etre tout-puissant ne nous procure pas seulement ce qui est nécessaire à nos besoins, il pourvoit même à nos plaisirs. Ces fruits de différents goûts, ces plantes utiles à

la santé , ces aliments diversifiés à chaque saison de l'année , sont des preuves
de sa **bonté** paternelle. Tous les animaux, tout ce qui existe, lui doit un tribut , parceque Dieu l'a doué seul d'entre
les créatures de la faculté de jouir du
spectacle de l'univers ; car c'est lui qui
produit & excite le génie.

Cependant il y a des Philosophes qui
ne savent pas apprécier les faveurs du
ciel. Ils se plaignent de ce que les hommes n'ont pas une santé à toute épreuve,
une force invincible , une intelligence
capable de leur faire connoître l'avenir ;
mais cette plainte est très injuste : soyons
persuadés que ce qui nous a été refusé
ne pouvoit nous convenir.

Nous lui devons les vertus dont nous
sommes doués , l'invention des arts que
nous cultivons, & un esprit capable de
discerner dans un instant tout ce qui peut
être l'objet de son application. Quelle
que soit la rapidité du mouvement des
astres , l'esprit les devance dans leur
marche ; il en détermine la course pendant un long espace de siecles. Ajoutez
à cela tant de richesses que vous pos-
sédez , tant de productions propres à
votre usage , & une abondance générale

rale de toutes fortes de biens ; & con-
cluez que Dieu vous a aimé & qu'il vous
aime toujours.

Soyons donc reconnoiffants envers
un fi bon Maître , & que l'efprit d'ingra-
titude ne nous porte pas à chercher des
excufes dans notre foibleffe & dans notre
indigence. Il fuffit d'être fenfible à fa
bonté pour lui témoigner notre grati-
tude ; car fentir un bienfait , c'eft le
rendre.

L'homme de bien eft toujours avec
Dieu : il fait fans ceffe des efforts pour
fe réunir avec lui , & il tâche d'y parvenir par la frugalité , par la tempérance, par une vertu ferme & conftante.
Comme il fait que le germe de la Divinité eft répandu dans lui , il l'y fait fruc-
tifier & produire des actes dignes de lui.

A l'égard du culte qu'il doit à Dieu ,
il le fait confifter à l'honorer ; parceque l'honorer, c'eft le connoitre, c'eft
être intimement perfuadé de fon exiftence, c'eft rendre hommage à fa Majefté fuprême , & des graces à fa bonté :
& pour l'honorer , il fuffit d'être honnête homme , de le fervir & de l'imiter.

La vertu établit une étroite amitié
entre Dieu & l'homme de bien. Le Sage

n'est différent de Dieu , qu'en ce qu'il n'est pas éternel comme lui ; du reste il est sa copie, son disciple , son véritable fils. Il éprouve cependant quelquefois de grandes calamités ; mais ces calamités ne sont pas véritablement un mal ; car on donne le nom de mal à ce qui ne l'est point.

En effet les accidents qui paroissent si terribles & si difficiles à supporter , sont utiles premiérement à ceux à qui ils arrivent , en second lieu au genre humain en général ; troisiémement ces accidents n'arrivent point contre le gré de ceux à qui la Providence les destine ; ou s'il y en a qui les souffrent impatiemment, ils méritent d'en porter la peine : enfin les traverses de la vie sont une suite du système établi par les décrets éternels ; & si les gens de bien y sont exposés , c'est par la raison même qu'ils sont gens de bien.

Personne n'est plus malheureux que celui qui n'a jamais été dans l'adversité, & n'a pas pu s'éprouver. Dès que ses vœux ont été ou remplis ou prévenus , c'est une marque qu'il est indigne de la faveur de Dieu. Il ne méritoit pas de triompher de la fortune , qui n'aime point à combattre contre des lâches,

De même qu'un lutteur croiroit qu'on le méprise, si on lui opposoit un rival moins fort que lui, la fortune cherche les plus vaillants champions, & dédaigne les ames vulgaires. Elle se plait à assaillir les héros les plus illustres, pour avoir occasion de déployer toute sa force.

Il y a plus : c'est un malheur de n'avoir jamais été malheureux. Si vous n'avez point vu d'adversaire, qui pourra juger de votre valeur ? Vous ignorez vous-même son prix. Les épreuves sont la pierre de touche du mérite, & la science est le fruit de l'expérience. Ne pâlissez donc pas à la vue de l'adversité : la vertu brille dans les disgraces ; il n'y a de véritables malheureux que ceux qui s'endorment dans la félicité. Il vaudroit mieux essuyer de continuels revers, propres à nous rendre vertueux, que de vivre dans les délices qui nous corrompent. La mort est plus douce après un jeûne volontaire ; mais les intempérants meurent dans la douleur.

Non seulement l'homme de bien retire des avantages de l'adversité ; l'intérêt public demande encore qu'il ait toujours les armes à la main, & qu'il se distingue par des actions d'éclat. Dieu &

le Sage n'ont qu'un même but : c'est
d'apprendre au vulgaire que ce qu'il defire n'eſt pas un bien, & que ce qu'il
craint n'eſt pas un mal.

De quoi nous plaindrions-nous donc,
& qu'aurions-nous à dire ? Ne nous at-
triſtons point, armons-nous de courage,
en penſant que ce qui périt en nous,
n'eſt point à nous. Ce qui appartient véritablement au Sage, c'eſt l'abandon
qu'il fait de lui-même à la conduite de
la Providence. C'eſt un aſſez grand ſujet de conſolation pour lui de ſavoir
qu'il roule avec l'univers dans le même
tourbillon ; que ſa vie ne doit point être
uniforme, qu'il y aura du haut & du
bas ; qu'il eſſuiera des tempêtes, qu'il
luttera contre les flots irrités, qu'il aura
la fortune contraire, mais qu'il triom-
phera toujours des événements fâcheux
& cruels qui lui arriveront.

Tel eſt le ſort de l'homme, de ce vaſe
fragile, que le moindre vent peut emporter, que le moindre obſtacle peut
briſer. Né avec un corps foible, nud,
ſans armes, il ne peut ſe ſuffire à lui-
même, & la plus légere diſgrace l'abat.
Il n'a ni ongles ni dents qui puiſſent le
faire craindre ; mais il trouve ſa ſureté

dans sa foibleffe. La raifon & la société
suppléent à ce qui lui manque. Ces deux
prefents du ciel, de foible qu'il étoit,
le rendent redoutable. Il devient par là
le roi de la terre.

La raifon, cette portion de l'efprit
divin, qui eft répandue dans notre
corps, eft un attribut qui nous rend fu-
périeurs aux animaux, & qui nous rap-
proche de la Divinité. Elle eft la regle
de toutes les vertus humaines : elle eft
la qualité diftinctive de l'homme; tout le
refte lui eft commun avec les animaux.

La société lui donne encore un empire abfolu fur toutes les créatures. Elle
le met en état d'étendre fa domination
hors de la fphere qu'il habite. Elle lui
fournit des fecours pour calmer la violence des maladies, pour foulager les
incommodités de la vieilleffe, pour ap-
paifer le fentiment de la douleur. Elle
fait fa force, en ce qu'il peut toujours
l'oppofer à la fortune. Elle eft, en un
mot, le plus ferme appui de la vie ; car,
fans la société, il n'y a point de liens qui
uniffent le genre humain.

Auffi l'homme eft intéreffé à la former, à l'entretenir, à en rempîir les
devoirs, & en obferver les loix. Ces

devoirs font de tendre la main à celui qui fait naufrage, de montrer le chemin à celui qui s'égare, de partager fon pain avec celui qui a faim, de ne méprifer perfonne, de ne pas oublier que nous avons tous le même pere, c'eft Dieu, & que ce ne font pas les titres, mais les mœurs, qui décident du mérite. Celui là feroit fans doute un infenfé, qui n'examineroit que la felle & la bride du cheval qu'il voudroit acheter; à plus forte raifon il eft bien plus rididule de juger d'un homme par fon habillement, & c'eft le juger ainfi que de l'eftimer à caufe de fon rang; car le rang qu'il occupe eft comme le vêtemen dontt il eft revêtu.

Mais ce qui trouble fouvent cette harmonie fi néceffaire à la félicité de l'homme, c'eft la paffion, je veux dire un vice volontaire de l'efprit. L'un eft fenfible à la moindre injure, au point de tout détruire pour en avoir raifon; l'autre fe pique d'être noble ou bien fait: celui ci veut paffer pour bel efprit ou pour favant; celui-là ne peut fouffrir qu'on ne le refpecte pas, ou qu'on lui réfifte. Quelques uns font fi jaloux de leur rang, qu'ils ne daignent pas re-

prendre leurs domeſtiques. Tous ces vices troublent l'ordre de la ſociété : on
ſait encore le mal que l'avare , & ſur-
tout l'ambitieux , lui cauſent.

Cependant la nature ne nous porte à
aucun vice : nous naiſſons libres & in-
nocents : elle nous preſcrit bien de veiller à nos intérêts ; mais elle nous défend
les excès. En attachant du plaiſir à toutes les fonctions néceſſaires de la vie ,
ſon but n'eſt pas que nous cherchions le
plaiſir pour lui-même , mais qu'il ſerve
d'aſſaiſonnement dans l'uſage des choſes
dont notre conſervation dépend.

Il faut donc réſiſter aux paſſions, parcequ'il eſt plus aiſé de leur interdire
l'entrée de notre cœur, que de les en
chaſſer. C'eſt un grand moyen de vivre
heureuſement ; parcequ'en faiſant taire
les paſſions, on fait parler la vertu ,
en laquelle réſide la vraie félicité. Elle
nous inſpire d'imiter Dieu autant qu'il
eſt en nous : elle nous affranchit de nos
beſoins ; elle nous procure la liberté &
la ſécurité. On l'acquiert par la pratique
des devoirs qu'elle preſcrit. Souffrez les
injures, elles ne vous feront aucun mal;
croyez que vous êtes heureux , & vous

le ferez réellement : car nul n'eſt heureux , s'il ne croit l'être.

Pour ſe procurer ce ſentiment , il faut exercer ſon eſprit & ſon cœur , & c'eſt à quoi on parvient par l'étude de la Philoſophie ; car elle nous donne une regle ſure & d'un uſage univerſel pour la conduite de notre vie. Elle nous préſerve de l'erreur , & fixe le degré d'eſtime qui eſt due à chaque choſe : elle condamne les voluptés ſujettes au repentir, & n'approuve que les biens durables : enfin elle démontre que celui-là eſt véritablement heureux , qui n'a pas beſoin des proſpérités humaines , & que celui-là eſt véritablement puiſſant , qui eſt maître de lui-même.

Auſſi celui qui par cette étude eſt devenu Philoſophe , parvient au plus haut degré de perfection & de bonheur où l'homme puiſſe monter. Admis dans le ſanctuaire de la nature , placé dans la ſphere céleſte, il mépriſe avec plaiſir les palais qu'habitent les riches , & les tréſors que la terre renferme. Après avoir meſuré l'étendue du monde, il le trouve trop petit pour lui , & il eſt très étonné que tant de peuples cherchent à s'en aſ-

furer la poffeffion à main armée. Il re-
connoît en lui l'empreinte de la divinité
au plaifir que lui caufe la contemplation
des corps céleftes : ils ne lui font plus
étrangers ; il les regarde comme fon
propre bien. Enfin, comment un Philofophe ne feroit-il pas heureux ? Se livrer
tout entier à l'étude de la Philofophie ,
c'eft paffer à une meilleure condition ,
c'eft franchir les barrieres de la mort qui
nous environnent.

D'abord l'étude eft un fûr moyen d'é-
viter l'ennui : elle nous empêche d'être
à charge à nous-mêmes , & nous rend
utiles aux autres. Elle donne en fecond
lieu à notre efprit les forces néceffaires
pour fupporter notre condition , pour fe
confoler des pertes qui lui arrivent, pour
prendre les adverfités en bonne part, &
pour prévenir la laffitude & le découra-
gement : feuls moyens de rétablir ou
de conferver la tranquillité de l'efprit ,
en quoi confifte le bonheur de a vie.

EPICTETE.

Mlle C. Reydellet del.   Bensvent S.

EPICTETE *.

Le Lycée, l'Académie & le Portique ont peuplé nos Eglises naissantes, dit un Auteur estimé du dernier siecle (1), & leurs plus grandes lumieres en sont venues. En effet saint *Augustin* a remarqué que presque tous nos premiers saints Evêques étoient Philosophes Platoniciens ou Stoïciens (2). Saint *Clement* d'Alexandrie étoit Stoïcien : saint Julien professa la doctrine de *Platon*, & même, lorsqu'il devint chrétien il ne quitta ni son habit ni sa profession de Philosophe ; il y joignit seulement l'étude de l'écriture sainte.

Voilà sans doute le plus bel éloge qu'on puisse faire de la Morale de *Platon* & de celle de *Zenon*. Mais si ces Philosophes se sont acquis par là l'estime des

---

* *La vie d'Epictete & sa Philosophie*, par G. *Boileau*. *Enchyridion d'Epictete, ou abrégé de sa Philosophie*, par G. *Boileau*. *Les Caracteres d'Epictete*, par M. l'Abbé de *Bellegarde* ; cet ouvrage est précédé de la vie d'*Epictete*, qui est la même que celle que *Boileau* a composée. *Dictionnaire historique & critique*, par M. de *Chaufepié*, art. *Epictete*, & ses Ouvrages.

(1) G. *Boileau* dans l'*Enchyridion d'Epictete*.

(2) S. *Augustin* : *De vera Religione*.

personnages les plus respectables, quelle
haute opinion ne doit-on pas avoir de
celui dont je vais écrire l'histoire ! Il
prêcha pendant toute sa vie le mépris
des honneurs & des richesses, l'amour
de la pauvreté & de la vie cachée, le
pardon des ennemis, & il pratiqua cette
doctrine avec la plus grande exactitude.
Extrêmement attaché à la Secte Stoïque,
qui étoit la plus austere de ce temps-là,
il vécut dans la pauvreté, quoiqu'il fût
chéri des Empereurs & des Grands.

Ce Sage naquit vers l'an soixante de
l'ere chrétienne, sur la fin du regne de
Néron, à Hyérapolis, ville de Phrygie.
Il se nommoit Epictete. On neconnoît
ni son pere ni sa mere : seulement on
sait qu'il fut esclave d'*Epaphrodite*, Capitaine des Gardes du Corps de *Néron*,
& qu'il passa chez lui les premieres années de sa vie. Ce fut un dur esclavage,
car *Epaphrodite* étoit un homme vil &
brutal tout à la fois : il traitoit fort mal
Epictete. Un jour il lui prit fantaisie
de lui tordre la jambe; c'étoit une sorte
d'amusement pour lui. Sans se plaindre
du mal qu'il lui faisoit, l'esclave lui dit
en souriant : Si vous continuez, vous me
casserez infailliblement la jambe. *Epa-*

phrodice n'eut aucun égard à cet avis, recommença avec plus de force, & lui caſſa effectivement la jambe. Eh bien, ne vous l'avois-je pas bien dit, reprit Epictete, que cela arriveroit.

Il apprit ainſi chez ſon maître à ſouffrir, & il regarda cela comme une véritable ſcience, qu'il cultiva toute ſa vie. Il n'avoit pas beſoin de conſolateurs dans ſes diſgraces : il ne cherchoit de conſolations que dans lui-même, & il n'étoit ſenſible qu'à la douleur des autres. Il penſoit que la plus grande malignité d'une nature corrompue étoit de s'imaginer le mal moins fâcheux lorſqu'il nous eſt commun avec pluſieurs perſonnes, comme ſi, à meſure qu'on augmentoit ou qu'on diminuoit leurs peines, on augmentoit ou on diminuoit les nôtres. *Quoi !* s'écrioit-il, *ſi vous êtes condamné à avoir la tête coupée , voulez-vous qu'on la coupe à tout le reſte des hommes, & ne ſauriez-vous trouver de conſolation que dans la perte du genre humain ?*

Mais ces penſées ſont - elles bien juſtes? Premiérement il eſt certain que rien n'eſt plus doux dans les afflictions que d'épancher ſon cœur dans le ſein d'un ami , parcequ'un ami s'intéreſſe à nos malheurs , & qu'il n'oublie rien pour en adoucir l'amertume. L'eſprit accablé par le poids de la douleur ne peut pas toujours trouver des motifs de conſolation, ou même de réſignation , au lieu qu'un ami les ſuggere , & par là ouvre une porte à la paix de l'ame , à la tranquillité de l'eſprit , en quoi conſiſte la ſageſſe.

En ſecond lieu , cette maxime ſi approuvée , & au fond ſi véritable , la conſolation des miſérables eſt d'avoir des pareils , milite contre ce ſentiment d'EPICTETE , qu'on a tort de ſe plaindre quand on ſouffre ſeul des injuſtices. Cela pourroit être , ſi l'injuſtice étoit bien conſtatée ; mais ſi parmi pluſieurs perſonnes innocentes du même crime dont on les accuſe , une ſeule eſt punie , n'y a-t-il pas lieu de croire que cette perſonne ſeule eſt coupable ? Et cette préſomption n'eſt-elle pas une offenſe pour cette même perſonne ? Elle n'eſt donc pas blâmable de ſe plaindre de l'injuſtice qu'on lui fait , & de la peine qu'on lui inflige.

Cependant il faut convenir que le ſentiment de notre Philoſophe annonce une

ame grande & courageuse : aussi personne n'avoit autant que lui de fermeté
& de constance , & ne jugeoit mieux &
plus sainement de l'une & de l'autre
vertu. Il ne pouvoit les souffrit si elles
n'étoient pures , & la moindre tache les
lui rendoit insupportables. En blâmant
la lâcheté , il ne vouloit pas qu'on fût
téméraire. Quand on peut aller par une
plaine ou par un endroit facile , pourquoi aller , disoit il , par des lieux es-
carpés & des routes inaccessibles ? Il
ajoutoit qu'il y a autant de vanité & de
honte à se précipiter dans le danger ,
quand il n'est pas nécessaire , qu'il y a
d'honneur & de vertu à s'y livrer , lorsque le devoir nous y oblige. Enfin il faisoit consister toute la Philosophie en ces
deux points , constance & continence ,
& il avoit toujours ces paroles à la bouche : *Soutenez-vous & abstenez-vous.*

On ne sait précisément ni en quel
temps ni comment il obtint la liberté ;
mais il est certain qu'il fut compris dans
le nombre des Philosophes que l'Empereur *Domitien* exila vers l'an quatre-
vingt-quatorze. Il se retira à Nicopolis,
ville d'Épire. On prétend qu'il y passa
le reste de ses jours; mais ce sentiment

n'est pas soutenable , puisque tous les Historiens s'accordent à dire qu'il avoit une petite maison à Rome où il n'y avoit pas de porte , & une vieille servante qui avoit soin de lui. Or , un homme qui a une maison & un domestique pour le servir , n'est pas un esclave. Ce n'est pourtant là qu'une preuve qu'Epictete n'a pas demeuré toujours à Nicopolis : la suite de son histoire fournit d'autres preuves aussi convaincantes.

En entrant dans le monde, notre Sage fit vœu de pauvreté. Sa petite maison étoit exposée aux injures de l'air , & il n'avoit pour tout meuble qu'une lampe de fer; encore la lui vola-t-on. Ah ! dit il en riant , le voleur n'a qu'à revenir , je l'attraperai bien , car il n'en trouvera plus qu'une de terre.

Ceux qui venoient le voir étoient étonnés de le trouver entre quatre murailles , sans tapisseries, sans tableaux, & peut-être aussi sans lit (car les Historiens de sa vie n'auroient pas manqué d'en parler , s'il en avoit eu un) ; mais il s'en moquoit. *Qu'est-il nécessaire , disoit-il , de parer sa maison de tableaux & de tapisseries ? Il faut l'embellir de tempérance & de modestie , parceque ce sont des orne-*

ments qui durent toujours & qui ne vieil-
lissent jamais.

Ce n'est pas qu'il fit parade de sa pauvreté, car il prenoit une peine extrême à la cacher, tant il craignoit qu'on
imputât à vanité l'aveu de son indigence.
Aussi recommandoit-il à ses disciples de
cacher soigneusement leur vie : *Si vous*
êtes si heureux que de contenter votre corps
de peu, gardez-vous de vous en glorifier ;
si vous êtes accoutumés à ne boire que de
l'eau, ne vous en allez pas vanter ; & si
quelquefois vous voulez vous exercer à quel-
que chose qui soit pénible, exercez-vous en
particulier : quoi qu'il en soit ne faites ja-
mais rien pour être regardé ni pour être ad-
miré du peuple, parceque toutes ces af-
fectations sont vaines & indignes d'un Phi-
losophe.

Son opinion étoit qu'un véritable Philosophe doit faire, & non pas dire ; &
il disoit que ceux qui faisoient les Philosophes, l'étoient de paroles, & non
pas en effet. Il avoit adopté la Philosophie de *Zénon* ; mais il ne la pratiquoit
pas rigoureusement, & il savoit s'en
écarter, lorsqu'il ne la jugeoit point
conforme à la raison. Il trouvoit sur-tout
ridicule que les Stoïciens comparassent

leurs Sages à Dieu. Pour lui il se croyoit homme ; il ne regardoit pas autrement les Philosophes , de quelque Secte qu'ils fussent : seulement il avoit pitié de ceux qui vouloient s'en faire accroire , & n'épargnoit pas même les Grands : quoique très maltraité de la fortune , il ne les traitoit pas mieux que les autres.

Ils ont bien tort, disoit-il quelquefois, de se glorifier de ce que tant de gens les respectent & leur rendent service , & de croire que c'est pour l'amour d'eux qu'on leur fait tant de soumissions. Chacun en cela ne regarde que son intérêt. *On les sert justement comme on sert les ânes ; si on les étrille , c'est pour en tirer service , & on les révere comme on révere la fievre à Rome : si on lui dresse des autels , c'est de peur qu'elle ne fasse du mal.*

Cependant EPICTETE imitoit assez dans ses discours & dans ses actions la façon de vivre de *Socrate* , de *Diogene* & de *Zénon*. Quand il entreprenoit quelque ouvrage , il considéroit auparavant ce qu'ils auroient fait en pareille occasion. Lorsqu'il reprenoit ou qu'il instruisoit quelqu'un , il les citoit pour exemple, du reste il n'affectoit de parler ni poliment ni élégamment : il ne cherchoit

qu'à se rendre clair & intelligible ; &
avec cela il étoit si persuasif, qu'il rame-
noit toujours à son sentiment ceux qui
disputoient contre lui avec plus de force,
& même quelquefois avec plus de vérité.

Quoiqu'il estimât *Pyrrhon*, il mépri-
soit souverainement les Pyrrhoniens.
L'un d'eux voulant lui prouver que les
sens sont trompeurs, il lui répondit : *Vous*
est-il jamais arrivé d'aller au moulin en
voulant aller aux études ?

Il regardoit l'Opinion & la Fortune
comme deux grands maux qui infectent
le monde en le gouvernant, & il leur déclara une guerre éternelle. *La plupart des*
choses que nous admirons ne sont, disoit-il,
que de pures fantaisies ; par exemple, l'I-
liade dont on parle tant, n'est-elle pas une
vraie fantaisie ? Il prit fantaisie à Pâris
d'enlever Helene. Helene eut la fantaisie de
le suivre, & Menelas eut la fantaisie de
s'en fâcher : Voilà proprement ce que c'est
que l'Iliade.

Quant à la Fortune, notre Philosophe
la comparoit à une femme de qualité,
qui se prostitue à des valets. Il disoit que
la vie qui dépend de la fortune, ressem-
ble à un torrent trouble, sale, difficile

à paſſer, impétueux, & de peu de durée. Il ſoutenoit au contraire que l'eſprit adonné à la vertu, reſſemble à une
fontaine qui coule roujours, dont l'eau
eſt claire, douce & agréable à boire,
en un mot exempte de toute ſorte de
corruption.

Auſſi avoit il renoncé aux plaiſirs du
corps, pour s'attacher uniquement à
ceux de l'eſprit, & il préféroit le repos
& la tranquillité de l'ame aux plus grands
biens.

Jamais il ne voulut briguer aucune
place : ſes ſoins ſe portoient à cultiver
ſon ame : par là il réparoit les défauts
de ſon corps aſſez diſgracié de la part de
la nature. A l'exemple de *Socrate*, toute
ſon occupation étoit de parler indifféremment à ceux qu'il rencontroit, ou
pour les déſabuſer de leurs fauſſes opinions, ou pour leur donner des principes qui les miſſent en état d'agir conformément à la raiſon.

Je ſuis, leur diſoit-il, *envoyé du ciel
pour vous inſtruire & pour vous guérir de
vos maladies. Voyez: je n'ai ni champs,
ni maiſon, ni femme, ni lit, ni tunique,
ni meubles ; & néanmoins j'ai de la joie,
de la ſanté, de la tranquillité. Je ne de-*

mande rien ; je ne defire rien , je ne crains
rien. Libre , content , exaucé dans tous
mes vœux , je ne me plains ni de Dieu ni
des hommes. Je fuis toujours expofé aux
yeux des hommes ; mais je confidere encore davantage que je fuis préfent à Dieu ,
calomnié , & fouvent frappé par ceux dont
je tâche de guérir les bleffures. Je les aime,
lors même qu'ils me maltraitent , comme
étant toujours leur pere & leur frere , &
confidérant qu'ils ne font méchants que parcequ'ils font malades. Enfin par la tempérance & la fobriété je me fuis donné une
fanté fi ferme , & un corps fi robufte , que
je puis foutenir non feulement le froid , le
chaud & toutes les injures de l'air , mais
auffi les coups & les outrages.

A ceux qui fe plaignoient d'être pauvres , il leur offroit ce motif de confolation : *Si vous aviez pris naiffance dans la
Perfe , il eft certain que vous n'auriez point
envie de demeurer en Grece ; vous fouhai-
teriez feulement de vivre heureux dans votre pays. Quand donc on eft né dans la pauvreté , pourquoi faut-il avoir l'ambition
d'être riche ? Que ne fonge-t-on plutôt à y
demeurer & à être heureux dans cet état ?
Comme il vaut bien mieux ne coucher que
dans un lit étroit , & avoir la fanté , que de*

coucher dans un lit magnifique, & être malade : de même il eſt bien plus à ſouhaiter de conſerver le repos & la tranquillité de l'eſprit dans une médiocre condition, que d'avoir de la triſteſſe & du chagrin dans une fortune plus élevée. Il ne faut pas s'imaginer que ce ſoit la pauvreté qui nous rende malheureux, c'eſt l'ambition. En effet ce ne ſont point les richeſſes qui nous délivrent de la crainte, il n'y a que la raiſon qui en ſoit capable : c'eſt pour cela que celui qui fait proviſion de raiſon eſt content de ſoi-même, & ne ſe plaint jamais de la pauvreté.

Voilà ſans doute les meilleures raiſons qu'on puiſſe donner en faveur de l'indigence. Mais ſi vous vivez toujours dans la pauvreté, lui diſoit-on, vous ne ſerez jamais en état de rendre ſervice à vos amis ; & il leur faiſoit cette belle réponſe : *Penſez-vous que ce ſoit aſſiſter ſes amis que de leur prêter de l'argent ? Il eſt certain qu'on doit faire tout ſon poſſible pour acquérir des richeſſes, afin de les aſſiſter dans le beſoin ; mais montrez-moi un moyen par lequel on puiſſe s'en procurer en conſervant l'honnêteté & la probité, & je vous promets que je ferai tous mes efforts pour les acquérir. Sans cela, je ne dois pas perdre mes biens pour en acquérir d'autres qui ne font pas de vrais biens : jugez donc ſi vous n'êtes pas bien injuſte en préférant un fidele ami à de l'argent.*

Ainſi Epictete perſiſta courageuſement à vivre dans la pauvreté, & ne manqua point de raiſons pour en faire l'éloge, & pour autoriſer ſa conduite. Ce n'eſt pas que ce Sage fût entêté dans ſes opinions : il n'étoit ferme que dans le chemin de la vérité ; car il s'exécutoit volontiers lorſqu'il croyoit qu'il avoit failli.

Un jour un nommé *Rufus* le reprit avec une rudeſſe étrange de ce qu'il n'avoit pu trouver une *omiſſion* dans un ſyllogiſme, & il lui répondit : Je n'ai pas fait un ſi grand mal que ſi j'avois brûlé le Capitole. Penſes-tu, miſérable, répliqua *Rufus*, qu'il n'y a point d'autres crimes que de brûler le Capitole ? Notre Sage, bien loin de ſe fâcher d'une répartie ſi aigre, en remercia *Rufus*, & la conta à tout le monde.

Une autre fois un homme qui avoit été très riche, mais qui alors étoit très pauvre, le vint prier d'écrire au peuple en ſa faveur. Epictete lui fit une lettre très pathétique, où il repréſenta & peignit son infortune avec des expressions capables d'émouvoir de compassion les personnes les plus insensibles. Il la donna à cet homme, qui, au lieu de le remercier, la lui rendit, en lui disant fièrement : Je suis venu vous trouver pour vous demander du secours, & non pas des plaintes dont je n'ai point besoin. EPICTETE auroit pu lui répondre : Si tu n'a pas besoin de plaintes, pourquoi viens-tu me prier d'écrire au peuple en ta faveur ? Cependant notre Philosophe le traita avec plus d'indulgence. Sa fierté lui plut tellement, qu'il lui sut gré de sa réponse.

Cette conduite, si conforme à ses sentiments, procura à EPICTETE l'estime & l'amitié des plus grands personnages de son temps, & notamment celles de *Favorinus*, d'*Herode* le Sophiste, & de l'Empereur *Adrien*. Il méritoit assurément qu'on s'attachât à lui, car personne n'étoit plus délicat que lui dans l'amitié. Il croyoit que le Sage seul étoit capable de ce sentiment : c'est ce qu'il apprenoit à ses disciples. Un homme qui se trouva un jour présent à cette instruction, lui répondit que cela n'étoit pas exact ; car quoiqu'il ne fût pas sage, il ne laissoit

pas

pas d'aimer tendrement son fils. » Vous
» vous l'imaginez , repartit EPICTETE.
» N'avez-vous jamais vu , ajouta t-il ,
» des petits chiens jouer ensemble? On
» croiroit à les voir qu'ils ont une ex-
» trême passion l'un pour l'autre ; ce-
» pendant jettez quelques morceaux
» de viande au milieu d'eux , & vous
» reconnoîtrez s'ils s'aiment effective-
» ment. Il en est de même de vous &
» de votre fils. Mettez quelque petit
» morceau de terre entre vous & lui, &
» vous verrez si , pour en jouir , il ne
» souhaitera pas votre mort , & si peu
» de temps après il ne concevra pas une
» haine mortelle contre lui . . . Quand
» on veut connoître si deux hommes
» sont véritablement amis , il ne faut
» pas s'enquérir s'ils sont parents ou s'ils
» ont été nourris & élevés ensemble ;
» ce sont de fort mauvaises marques ,
» qui ne servent ordinairement qu'à
» nous abuser. Il ne faut s'instruire que
» de leurs opinions & de leurs mœurs :
» si vous reconnoissez qu'ils soient véri-
» tablement honnêtes gens, vous pour-
» rez faire un jugement équitable , &
» assurer qu'ils sont parfaitement amis«.
Une autre qualité estimable d'Epic-

TETE, c'étoit d'aimer extrêmement la propreté. Il aimoit mieux voir ses disciples frisés & bien peignés, que de les voir crasseux & malpropres, parcequ'il en espéroit davantage. Mais ce qui lui fait le plus d'honneur, c'est que de tous les Philosophes païens, il est le seul dont la morale ait plus approché de celle de *Jesus-Christ.* Il admettoit l'immortalité de l'ame, & vouloit qu'on se conduisît dans la vie conformément à cette croyance. C'est ce qu'on verra par l'exposition que je ferai de son sentiment. Il a pourtant une opinion sur le suicide, qui formeroit une tache à la pureté de sa doctrine, si elle étoit telle que *Wolfius* & plusieurs Erudits le veulent : voici de quoi il s'agit.

EPICTETE dit : *Quand un homme est las de faire son personnage, il peut se consoler en se souvenant que la porte est ouverte.* Il semble que cela signifie qu'il peut sortir de ce monde s'il s'y ennuie, parceque la porte est ouverte, c'est-à-dire, qu'on est libre de se tuer. La porte ne peut être ouverte que pour aller en l'autre monde, & ce mot ne sauroit exprimer autre chose.

Cependant l'Auteur de la vie de ce Philosophe (M. G. *Boileau*) prétend

qu'il a voulu dire que, si notre exiſtence
nous peſe, ſi notre état nous ennuie, il
faut ſe ſouvenir que notre terme ne ſera
pas long, que nous ſerons bientôt délivrés de cette inquiétude, & qu'infailliblement nous mourrons. M. *Boileau*
croit que c'eſt là effectivement la penſée
d'Epictete; car il ſe moque de ceux,
dit-il, qui ſe mettent en peine du lendemain. *Si demain vous avez de quoi
manger,* c'eſt notre Philoſophe qui parle,
*vous mangerez : ſi vous n'en avez point,
vous vous en paſſerez. Le pis qui vous
puiſſe arriver, c'eſt d'aller en l'autre monde, la porte vous eſt toujours ouverte.*
Mais ce conſeil d'Epictete à ceux qui
peuvent manquer du néceſſaire, bien
loin de confirmer le ſentiment de *Boileau*, l'infirme. En effet il eſt clair que
cela veut dire : ſi vous n'avez pas de
pain, le pis aller ſera de mourir ; & ſi
vous voulez vous épargner les longueurs
de cette mort, vous n'avez qu'à vous la
donner vous-même, *la porte vous eſt toujours ouverte.* Si cela vouloit dire que le
terme n'eſt pas long, que nous mourrons infailliblement, comme le veut
Boileau, la porte ne ſeroit pas toujours
ouverte : elle le ſera un jour ; mais elle

D 2

ne l'eft pas actuellement, & rien n'eft
plus ridicule que de vouloir convertir le
préfent en futur, & de foutenir que le
mot *toujours*, qui eft indéfini, exprime
un fens fini.

Concluons donc qu'Epictete s'eft déclaré pour le fuicide, parcequ'il n'y a
pas d'autre conféquence à tirer de fes
expreffions. Il faut croire que ce n'étoit
pas là fon véritable fentiment, & qu'il
étoit rendu par ces paroles qui font contraires au fuicide : *Quand les tyrans nous*
maltraitent, dit-il, *il faut prendre pa-*
rience, & attendre que Dieu nous délivre
de leur perfécution. Il eft jufte que nous
gardions le rang où il nous a mis : c'eft à
lui à nous en retirer quand il lui plaira.
Le temps de notre demeure ne fera pas long.
Quand on a pris cette réfolution, il n'y a
point de tyrans qu'on ne puiffe braver.

On ne fait ni de quelle maladie, ni en
quel temps ce Philofophe eft mort. Il
n'a laiffé aucun ouvrage ; mais il s'étoit
acquis une fi haute réputation par fon
favoir & fon intelligence, qu'un jeune
homme acheta fa lampe trois mille dra-
gmes, dans l'efpérance de devenir auffi
favant que lui à la lueur de cette lampe.

Quoiqu'Epictete eût beaucoup de

disciples, on ne connoît qu'*Arrien* , qui
s'appliqua à rédiger par écrit tout ce
qu'il lui avoit entendu dire. Il a composé
de ses discours un livre intitulé *Enchiridion* , lequel renferme toute la morale
de son maître. Ce mot *enchiridion* est
grec , & signifie un poignard. *Arrien* se
servit de ce mot pour le titre de son livre , parceque comme les poignards
sont des armes légeres que l'on porte ordinairement sur soi pour en faire usage
quand on est surpris par les ennemis ,
de même il prétendoit qu'on devoit toujours avoir ce petit livre devant les
yeux , pour résister aux attaques des
passions qui sont nos ennemis domestiques. C'est donner assurément une
grande idée de l'ouvrage d'EPICTETE , &
c'est en même temps lui rendre justice.
On en jugera par l'analyse que je vais
en faire.

*Morale d'*EPICTETE.

L'homme desire naturellement d'être
heureux : le bonheur est le point fixe
qu'il cherche toujours. Pour le trouver,
il faut bien distinguer ce qui dépend de
nous d'avec les choses qui sont les effets

ou de la nature, ou de la fortune, ou du hafard. Nous fommes les maîtres de nos opinions, de nos inclinations, de nos defirs, de nos averfions, & de toutes les opérations de notre entendement; mais il ne dépend pas de nous d'avoir beaucoup d'efprit, de grandes richeffes, une illuftre naiffance, de la beauté & de la fanté.

Il ne faut donc pas s'affliger d'être privé des chofes qu'il n'eft point en notre puiffance de nous procurer, parceque cette affliction eft un véritable malheur.

A la vue de quelque objet fâcheux qui vous frappe, accoutumez-vous à dire que ce n'eft qu'une pure imagination, & que la chofe n'eft pas telle qu'elle vous paroît. Examinez fur-tout fi cet objet, qui fait votre peine, eft de la nature des chofes qui dépendent de vous; & fi cela n'eft pas, dites, fans vous émouvoir, que ce n'eft point votre affaire. Le bonheur ou le malheur des hommes dépend le plus fouvent de leur imagination : ils font heureux ou malheureux quand ils croient l'être.

L'homme qui eft le maître de ce qu'il veut ou de ce qu'il ne veut pas, qui peut

obtenir ce qu'il defire, & rebuter ce qui
le choque, a un empire abfolu fur toutes chofes. Celui qui afpire donc à la liberté, & par conféquent au bonheur
qui en dépend, doit s'abftenir de tout
defir & de toute averfion de ce qui dépend purement d'autrui, fans quoi il vit
néceffairement dans la dépendance &
la fervitude, & par conféquent il eft
malheureux.

Quand quelque objet vous frappe,
rentrez en vous-même pour examiner
avec quel fecours vous y pouvez réfifter.
Si vous voyez une belle fille, armez-
vous de la tempérance pour ne rien faire
contre votre devoir. Si on vous propofe
une entreprife pénible & laborieufe,
prenez courage. Et fi on vous dit des
chofes offenfantes, ayez patience. Souvenez-vous que ce n'eft ni celui qui vous
maltraite, ni celui qui vous offenfe qui
vous maltraite: c'eft l'opinion que vous
en avez qui fait toute votre peine. Dé-
gagez l'imagination des ufages & des
préjugés, & n'allez pas vous chagriner
vous-même, lorfque perfonne ne cherche à vous chagriner.

Quelque accident qui vous arrive,
ne dites jamais que vous avez perdu

quelque chofe , dites que vous l'avez rendue. Votre fils vient-il de mourir, dites que vous l'avez rendu. On vous a enlevé un héritage, dites de même que vous l'avez rendu.

Ayez tous les jours devant les yeux le banniffement, la mort & les autres malheurs qui paroiffent redoutables aux hommes ; mais fur toutes chofes ne perdez point la mort de vue : par ce moyen vous ne ferez capable d'aucune lâcheté, & vous ne defirerez jamais rien avec trop d'empreffement & de paffion.

Ne vous alarmez point de ces faux raifonnements: je vivrai fans honneur & fans crédit ; on ne fera nul cas de moi. Si la privation eft un mal , ce mal ne peut être que l'effet du vice : au refte c'eft être fage que de céder habilement à la néceffité ; c'eft connoître les myfteres & les fecrets de Dieu.

En effet la vertu confifte fur-tout à fe défaire de ces faux raifonnements : Si je n'ai grand foin de mes affaires , je n'aurai pas de quoi fubfifter avec honneur. Il vaut mieux mourir de faim & conferver une parfaite tranquillité d'efprit , exempt de trouble & d'inquiétude, que de poffeder des biens immen-

ſes dans l'embarras & dans le trouble.
Ne demandez pas que les choſes ſe faſ-
ſent comme vous le ſouhaitez ; mais tâchez d'acquieſcer à la maniere dont elles
ſe font.

Si vous voulez épurer votre vertu,
n'affectez point de paroître ni comme un
imbécille, à cauſe du mépris que vous
avez pour les choſes extérieures, ni
comme un ſavant, parceque cela choque également les hommes. Ne parlez
point ni de votre mérite ni de votre ſavoir ; ne vous en prenez qu'à vous même dans les embarras & dans les tra-
verſes qui vous ſurviennent : n'accuſez,
ne blâmez, ni ne louez perſonne, mo-
quez-vous même de ceux qui ſont pro-
digues de louanges ; & enfin honorez
les Dieux, croyez qu'ils exiſtent, qu'ils
gouvernent le monde avec équité; ſou-
mettez-vous à leur providence, & re-
cevez en bonne part tout ce qui vous
arrive, comme étant réglé par une intelligence très excellente & très parfaite.

Preſcrivez-vous une maniere de vie
qui vous ſerve de loi, & que vous ob-
ſerviez devant le monde, ou en votre
particulier. Conſidérez avec attention la
qualité des choſes qui ſont faites pour le

plaisir ou pour l'utilité, ou que vous aimez, en commençant par les plus importantes. Si vous avez de l'attachement pour quelque meuble fragile, souvenez-vous qu'il est fragile, & ne vous
troublez point si par malheur il vient à
être cassé. Si vous aimez quelque personne, souvenez-vous qu'elle est mortelle; afin que si elle vient à mourir, vous
n'en soyez pas trop ému. On renverse
votre huile, on vole votre vin; rentrez
en vous-même, & dites que c'est à ce
prix qu'on achete la tranquillité : c'est
par là qu'on acquiert la constance. On
ne devient pas vertueux sans qu'il en
coûte : c'est être sage de ne se plaindre
ni de soi-même ni des autres.

Quand vous verrez quelqu'un dans
la douleur, ou pour l'absence de son fils
ou pour la perte de sa fortune, prenez
garde que cet objet ne vous surprenne,
& ne vous persuade que cet homme est
véritablement malheureux par la privation de ces choses extérieures. Rentrez
sur le champ en vous-même, & faites
ce raisonnement : Ce ne sont point ces
disgraces qui affligent cet homme ; car il
est des hommes qui n'éprouvent point de
pareils malheurs : ce n'est donc que l'opi-

nion qu'il en a en son imagination , qui le blesse. Faites ensuite tous vos efforts pour le guérir de ses préjugés par de solides raisons : s'il le faut , pleurez avec lui ; mais prenez garde que votre cœur ne se trouble , & que cette feinte ne devienne une vérité.

Nous sommes tous en ce monde des acteurs. Chacun de nous doit faire le personnage que le maître de la comédie lui a donné. Si votre rôle est court, vous le jouerez court ; s'il est long , vous le jouerez long. Quoi qu'il en soit de sa durée , si vous devez représenter le personnage d'un pauvre , soutenez ce rôle le mieux qu'il vous sera possible. Si on vous donne celui d'un Prince , d'un artisan , d'un estropié , acceptez-le tel qu'il puisse être. Votre devoir est de bien représenter votre personnage ; mais il appartient à un autre de choisir le rôle que vous devez jouer (1).

Mais quel que soit le rôle que la Providence vous a donné , souvenez-vous

---

(1) Cette pensée a été très bien rendue par le grand *Rousseau.* Tout le monde connoît ces vers :

Ce monde-ci est un œuvre comique ,
Où chacun fait un rôle différent , &c.

D 6

que c'est la marque d'un esprit bas que
de donner trop de soins aux choses qui
regardent le corps, à boire, à manger,
aux plaisirs des femmes, aux exercices,
& aux autres fonctions purement corporelles. Toutes ces choses ne doivent
se faire qu'en passant & comme par maniere d'acquit : c'est à cultiver l'esprit
que nous devons donner notre attention.

APOLLONIUS
DE TIANÉ.

APOLLONIUS, DE TYANE *.

Avant & après la mort de *Néron*, les Philosophes qui vinrent à Rome, y parurent avec un air de hauteur & de supériorité qui offensa les personnes en place. Les Romains étoient fiers & jaloux de leur autorité : aucune sorte de mérite n'étoit capable de rabaisser leur suffisance. Ils ne connoissoient de supériorté que celle que donne la force, & de grandeur que celle que procurent les richesses, les dignités.

Il falloit donc changer de ton, si on vouloit faire respecter la Philosophie. Il semble que la modestie, la retraite, le recueillement, le mépris de toutes les vanités mondaines, qui sont l'apanage du Sage, étoient les seuls moyens de parvenir à ce but, parceque la vertu & le savoir sont tôt ou tard reconnus & estimés. Mais le Philosophe qui va nous

* *Philostrati L. I. de vita Apollonii. Histoire des Empereurs, par M. le Nain de Tillemont*, Tom. II. *Histoire Ecclésiastique*, Par M. *Fleuri*, Tom. I. *Dictionnaire de Bayle* Art. *Apollonius de Tyane. Jac. Bruckeri, Histor. erit. Philos.* Tom. II. Et ses Épîtres.

occuper , ne crut pas que ce fût là le parti qu'il eût à prendre. Il voulut rabattre l'orgueil des Romains par l'orgueil même : il se donna pour un homme inspiré & chéri de Dieu , & imposa ainsi aux plus braves d'entre eux. Il est vrai qu'en étayant la Philosophie avec la superstition , il la dégrada. Aussi plusieurs Savants n'ont pas cru qu'on dût mettre ce personnage au nombre des Philosophes ; & quoique tous les Historiens de la Philosophie en aient parlé , ils le regardent bien comme un homme extrardinaire , mais ils lui refusent le titre de Sage. Cependant cet homme étoit grand observateur de la doctrine de *Pythagore*. Sa vie étoit austere , & il avoit des connoissances très étendues. C'en est assez pour lui mériter une place dans l'Histoire des Philosophes ; & si des écarts ou des foiblesses ont taché ses vertus, il faut les pardonner en faveur de l'humanité.

Apollonius naquit à Tyane en Cappadoce, d'une famille ancienne & de parents riches , vers le commencement du premier siecle de l'ere chrétienne. Son pere lui fit faire chez lui ses premieres études , & il l'envoya ensuite à

Tarſe, capitale de la Cilicie, pour y apprendre la Rhétorique. APOLLO-NIUS avoit alors quatorze ans. De Tarſe il alla à Eges, ville de la province, où il étudia en Philoſophie. Son Profeſſeur, nommé *Euxene*, lui enſeigna la doctrine de *Pythagore*, laquelle plut tellement au jeune Etudiant, qu'à l'âge de ſeize ans, il s'érigea en obſervateur rigide de cette doctrine.

Il ſe retira dans une maiſon de campagne, où il mena la vie d'un Pythagoricien : il renonça au vin & à la viande, fit vœu de chaſteté, laiſſa croître ſes cheveux, ne porta point de ſouliers, & ne s'habilla que de toile. Peu de temps après il élut ſon domicile dans le temple d'Eſculape, qui étoit à Eges, dans la vue de perſuader au Public qu'il étoit le favori de ce Dieu. C'étoit là une charlatanerie qui n'étoit pas digne d'un Philoſophe. Comment accordoit-il cela avec cette maxime de *Pythagore*, qu'il faut ſoumettre les paſſions du cœur à la raiſon, lui qui ſuivoit du reſte avec tant de ſévérité les autres préceptes de ce Philoſophe ? Mais, quoiqu'il eût beaucoup d'eſprit & une mémoire excellente, il avoit un goût dominant pour le mer-

veilleux ; il vouloit paſſer pour un homme extraordinaire , & ce goût fit un tort
infini aux plus belles choſes de ſa vie.

Il diſoit à tout le monde qu'Eſculape
guériſſoit volontiers les maladies en ſa
préſence ; & il y avoit des gens aſſez
ſots pour le croire. Une préſomption de
jeune homme lui donnant une haute
idée de ſa vertu , il commença à faire
le cenſeur & le réformateur du genre
humain , & ſoutint ce rôle pendant le
reſte de ſa vie avec aſſez de ſuccès.

Son pere étant mort dans ce temps-
là , APOLLONIUS , lorſqu'il fut majeur,
céda une partie de ſon bien à ſon frere
aîné ; & ayant gagné ſon amitié par
cette libéralité , il le retira de la vie déréglée qu'il menoit. Il diſtribua encore
le reſte de ſon bien à ceux de ſes parents
qui étoient pauvres , & ne s'en réſerva
qu'une très petite partie.

Cette belle action lui concilia l'eſtime
de tous les gens de bien. Elle eſt véritablement d'autant plus méritoire , qu'il
eſt rare qu'un homme de vingt-cinq ans
ſoit ſi déſintéreſſé. Il étonna encore
ceux qui le voyoient , par le vœu qu'il
fit de garder le ſilence pendant cinq
années de ſuite , à moins qu'il ne fût

obligé de parler pour l'utilité des hommes. Il se promenoit dans la Cilicie & dans la Pamphylie, en observant avec soin si l'union, la bonne intelligence regnoient parmi les citoyens. Il vouloit que tous les hommes vécussent comme freres, & il se portoit pour médiateur de tous les différends. Il appaisa ainsi plusieurs séditions, en se montrant seulement au peuple. Parmi ces séditions, il y en eut une qu'il étoit très difficile de calmer.

A Aspende, l'une des villes de la Pamphylie, le peuple s'étoit révolté à cause de la disette des grains. Quelques riches avoient caché le bled pour des vues d'intérêt, & avoient mis une grande disette dans la ville. Le souverain étoit véhémentement soupçonné d'avoir part à cette iniquité : aussi le peuple se mutina, & voulut l'attaquer. Il étoit prêt à exécuter son dessein, lorsqu'A-POLLONIUS, sans dire un seul mot, appaisa cette émeute populaire. Sa présence fit rentrer le peuple dans son devoir, & ouvrir les greniers. Vit-on jamais, s'écrie *Bayle*, un silence plus éloquent, plus actif, plus persuasif ?

Quoique jouiſſant dans la Cilicie &
dans la Pamphyle de la conſidération la
plus diſtinguée, notre Philoſophe voulut ſe faire admirer dans tout l'univers.
Il réſolut donc de voyager. Il alla d'a-
bord à Antioche, où il travailla à rétablir le culte des Idoles. Il pratiqua enſuite des myſteres ſecrets, où il n'admit que ceux qui avoient paſſé quatre
ans ſans parler. Il ſe vantoit de ſavoir
toutes les langues, & de ne les avoir jamais appriſes, de connoître les penſées
des hommes, d'entendre les oracles que
les oiſeaux rendoient par leur chants.
Je ne cherche pas, diſoit-il, *comme les
autres Philoſophes ; j'ai cherché étant
jeune, il n'eſt plus temps de chercher,
mais d'enſeigner. Le Sage doit parler comme un Légiſlateur, qui ordonne aux autres
ce dont il eſt perſuadé lui-même.*

Il n'uſoit dans ſes diſcours ni d'ironie,
ni de détours pour ſurprendre ſes auditeurs. Il parloit toujours déciſivement,
& ne débitoit que des ſentences courtes
& ſolides, qu'il prononçoit comme autant d'oracles. Il fit ainſi aimer les ſciences & la ſageſſe à Antioche, & s'attacha quelques diſciples, qui le ſuivoient

par-tout , mais qui l'abandonnerent lorſqu'il leur propoſa d'aller aux Indes voir les Philoſophes de ce pays.

C'étoient les Brachmanes , qui paſſoient pour des hommes très ſavants ; ils avoient ſeuls le droit dans les Indes d'étudier & d'inſtruire. Ils menoient une vie très dure & très laborieuſe. L'auſtérité de leurs mœurs , & le mépris qu'ils faiſoient de toutes les ſortes de grandeurs , leur donnoient le droit de dire librement la vérité ſans craindre le blâme.

Apollonius voulut voir ces hommes de mérite. Il partit donc d'Antioche pour les Indes , ſuivi ſeulement de deux valets ; mais en paſſant à Ninive , un jeune homme , appellé *Damis* , ſe joignit à lui. Il fut ſi enchanté & de ſa doctrine & de ſa ſageſſe , qu'il ne voulut plus le quitter : il devint un de ſes plus zélés diſciples , & ſon hiſtorien après ſa mort.

Il alla donc avec ce diſciple de Ninive à Babylone , pour voir les Mages ; il conféra ſeul avec eux , & il en apprit beaucoup de ſecrets. C'étoit la récolte qu'il vouloit faire dans ſes voyages. Il demeura vingt mois à Babylone, & il en sortit avec son cher *Damis* pour aller aux Indes.

Le Roi de ce pays, nommé *Phraothe*, à qui il se présenta, lui fit beaucoup d'acceuil. Il admira également & sa bonne mine & son savoir, & l'envoya à *Hiarchas*, chef des Brachmanes. APOLLONIUS eut avec lui & les autres Brachmanes, des conférences secretes, auxquelles *Damis* ne fut point admis. Il les quitta au bout de quatre mois, & s'embarqua pour retourner à Antioche.

Il ne fut pas accueilli dans cette ville comme il l'avoit été à son premier voyage. On y avoit perdu le goût des sciences, & l'arrivée d'un Savant ne parut pas devoir mériter leur attention. Aussi notre Philosophe n'y fit pas un long séjour. Il s'en alla en Chypre, de là en Ionie, & s'arrêta à Ephese, où on l'écouta. Il harangua les Ephésiens pour les engager à s'appliquer à la Philosophie, & à mener une vie sérieuse. Ephese étoit une ville efféminée & passionnée pour la danse. Ses habitants n'aimoient que les amusements frivoles, & étoient du reste fort paresseux ; mais il leur prêcha l'amour de la sagesse avec tant d'éloquence & de vérité, qu'il convertit tout le monde.

Il étoit suivi dans les rues d'une multitude de personnes. Les artisans quittoient leurs travaux pour l'entendre & profiter de ses leçons. Un jour, comme il leur parloit de la communication des biens, & qu'il les exhortoit à s'aider les uns les autres de leurs bourses & de leurs aliments, il eut occasion de faire un prodige, qui fit encore plus d'effet que ses raisonnements.

Dans le temps qu'il leur parloit, plusieurs oiseaux qui étoient perchés dans un bois voisin du lieu où il étoit, furent joints par un autre qui vola vers eux, en criant comme s'il eût eu quelque bonne nouvelle à leur apprendre. A l'instant tous les oiseaux se mirent à crier, & s'envolerent avec lui.

APOLLONIUS remarqua cette manœuvre, & l'expliqua ainsi. Un garçon qui portoit du bled, a fait un faux pas, & en a répandu une grande partie dans une telle rue. Cet oiseau qui a appellé les autres par son chant, s'y est trouvé, & est venu les avertir de cette bonne fortune. Plusieurs des auditeurs coururent aussi-tôt au lieu qu'il avoit désigné,

pour vérifier le fait, & revinrent peu de
temps après, en criant : ô prodige !
Apollonius entend le langage des oiseaux.

On a prétendu dans les temps de la
superstition & de l'ignorance, qu'il y
avoit des secrets pour entendre le langage des oiseaux. On a d'abord supposé
que les oiseaux se communiquent entre
eux leurs pensées par le moyen de leurs
chants, comme les hommes le font par
le moyen de la parole ; & on a ensuite
écrit que les Indiens acquéroient l'intelligence du langage des animaux en général, en mangeant le cœur ou le foie
de certains dragons, dont la chasse faisoit, à cause de cela, une de leurs prin-
cipales occupations, & que notre Philosophe s'étoit servi de cette recette pour
se procurer cette intelligence (1).

Eusebe de Césarée, qui a réfuté avec
tant de raison l'apologiste d'Apollonius sur les miracles qu'on a voulu lui attribuer, lui en fait même sérieusement
un reproche, comme une infidélité à la
Philosophie de *Pythagore*, dont il faisoit

---

(1) Voyez les *Mémoires de l'Académie Royale des Inscriptions*, &c. Tom. I. pag. 295.

profession, & qui affujettiffoit fes difciples à une abftinence entiere de toutes
fortes d'animaux. *Eufebe* ajoutoit donc
foi au fecret des Indiens : c'eft une fim-
plicité de fa part, qui fait un peu tort à
la cenfure amere qu'il fait de la vie &
des actions d'APOLLONIUS.

M. *Fleuri* a bien mieux expliqué le
prétendu prodige de ce Philofophe, en
difant qu'il avoit remarqué en paffant
ce bled répandu, & qu'il avoit inventé
le refte. On peut encore interpréter favorablement cette invention. Comme
notre Philofophe vouloit abfolument
engager les habitants d'Ephefe à fe communiquer leurs biens, il avoit donné
fort à propos les oifeaux pour exemple,
afin d'être plus fûr de fon fait. C'étoit
prendre le peuple par fon foible, qui
croit plus au merveilleux qu'à la raifon.
Auffi toutes fes actions tiennent du prodige, & elles ont opéré beaucoup plus
de fruit que fes meilleurs raifonnements.

Il fortit d'Ephefe peu de temps après
cet événement. Il alla à Smyrne, où il
trouva les citoyens ftudieux & curieux
des belles connoiffances. Il les encou-
ragea à perfifter dans leur façon de vi-

vre. Son intention étoit de demeurer
long-temps avec des hommes si dignes
de son estime ; mais les Ephésiens le
prierent de venir à leur secours pour les
délivrer de la peste.

Notre Philosophe se rendit à cette
priere. En arrivant à Ephese il assembla
le peuple , & lui dit d'un ton assuré :
Mes enfants , prenez courage , je ferai
cesser aujourd'hui la maladie. A cet effet il les mena au théâtre , où il y avoit
un temple d'Hercule libérateur ; & y
a yant apperçu un pauvre vieillard couvert de haillons & portant une besace ,
qui demandoit l'aumône ; frappez , leur
dit-il , cet ennemi des Dieux , jettez-
lui le plus de pierres que vous pourrez.
Les Ephésiens trouvoient cet ordre barbare. Ils ne pouvoient se résoudre à ac-
cabler un misérable qui leur faisoit pitié,
& leur demandoit grace d'une maniere
fort touchante ; mais APOLLONIUS ne
cessa de les presser , qu'ils ne l'eussent
assommé & accablé de pierres, de sorte
qu'ils en éleverent un grand monceau
sur son corps. Peu de temps après il leur
dit d'ôter les pierres , & de voir ce qu'ils
avoient tué ; ils ne trouverent qu'un
grand

grand chien , & ne douterent point que le vieillard n'eût été un fantôme & un mauvais génie.

Notre Philosophe leur dit que ce fantôme étoit l'auteur de leurs maux. Ce n'étoit pas une grande merveille que d'avoir fait paroître un vieillard , de l'avoir escamoté , & d'avoir mis un chien mort en sa place , aux yeux d'un peuple prévenu , qui ne voit alors que ce qu'on lui fait voir. Il ne faut pour cela à un homme intelligent & hardi , qu'avoir le temps de préparer toutes choses, comme APOLLONIUS l'eut , & d'être bien secondé dans son projet ; mais le miracle consiste en la cessation de la peste. Si la peste est cessée après ce tour d'adresse , cela est plus surprenant que l'apparition d'un vieillard , & la découverte d'un chien mort dans un endroit où l'on n'avoit pas vu de chien. La question est donc de savoir si en sortant de cette belle expédition , les Ephésiens furent aussi-tôt délivrés de la peste , & c'est ce dont on nous a pas instruits. Ce point est le plus essentiel : le reste est une bagatelle , qui n'est pas digne de l'attention des gens éclairés.

Ces succès l'enhardirent à former

d'autres entreprifes en ce genre. Extrêmement flatté de l'honneur qu'ils lui
procuroient , il préféra la gloire de fe
faire admirer , à celle plus folide de mériter l'eftime des Sages. Il alla en Grece,
où il publia qu'Achille lui étoit apparu,
& lui avoit révélé plufieurs fecrets de
l'Iliade.

Arrivé à Athenes , il voulut fe faire
initier aux mifteres d'Eleufine. C'étoient
des fêtes qui fe célébroient en l'honneur
de Cerès , à Eleufis , petit bourg peu
éloigné d'Athenes (1) : mais l'Hiéro-
phante, ou grand Prêtre, lui refufa cette
grace , parcequ'il le foupçonnoit d'être

---

(1) Il convient fans doute à l'hiftoire d'un homme qui
donnoit dans le merveilleux, de dire en quoi confiftoient ces
myfteres. C'étoit une cérémonie qui fe faifoit pendant la
nuit. Ceux qu'on devoit initier, s'affembloient près du temple de Cerès, dans une enceinte affez vafte pour contenir un
peuple nombreux. Ils portoient des couronnes de myrte ,
& fe lavoient les mains à l'entrée du portique. Après divers préparatifs , on les inftruifoit de ce qui avoit rapport
aux myfteres. Le principal miniftre de la Déeffe leur faifoit
des interrogations , auxquelles ils répondoient par une for-
mule qu'on leur avoit communiquée.

Après cette réponfe , on les faifoit paffer par des alter-
natives continuelles de ténebres & de lumiere ; ils apperce-
voient une multitude confufe d'objets différents ; plufieurs
voix fe faifoient entendre ; enfin on terminoit la cérémonie , en expofant à leurs yeux l'objet de leur attente.
Mémoires de l'Académie Royale des Infcriptions. T. XXI.
pag. 92.

magicien. Apollonius ne se tint pas
pour offensé : il paya de hardiesse ; & s'é-
tant apperçu que les Athéniens étoient
fort superstitieux , il songea à tirer parti
de ce vice pour se les attacher.

Il commença d'abord à épurer leurs
mœurs, en déclamant contre les exercices , tels que la danse , les spectacles des
gladiateurs , &c. qui tendoient à les corrompre. Il leur parla ensuite des rites
de leur Religion ; leur donna des regles
pour les sacrifices ; leur indiqua les heures du jour & de la nuit auxquelles on
devoit les faire ; exigea d'eux qu'ils ne
bussent point dans la coupe dont ils se
servoient pour faire les libations , qu'ils
la gardassent pure pour les Dieux , &
qu'ils leur donnassent à boire par les
oreilles avec cette même coupe , parceque , disoit-il , on boit moins par l'o-
reille que par la bouche.

Tous les auditeurs trouverent ce discours si ridicule , qu'ils crurent que notre Philosophe se moquoit d'eux ; mais il
leur ferma la bouche , en assurant qu'il
connoissoit les raisons mystérieuses des
statues & de leurs diverses postures. Cette
assertion imposa à la multitude. Un jeune
homme seul ne put entendre toutes

ces extravagances sans éclater de rire. L'exemple étoit dangereux ; mais APOLLONIUS en détruisit l'effet, en disant qu'il étoit possédé du Démon. Sur le champ ce jeune homme se tourmenta comme s'il eût eu véritablement le diable dans le corps. Alors notre Philosophe lui commanda d'en sortir, & pour signe de sa sortie, de renverser une statue, & cela arriva comme il l'avoit dit. Converti en apparence par ce miracle, le jeune homme se fit disciple d'APOLLONIUS ; il s'habilla comme lui, & vécut de même.

Tous les spectateurs ne douterent point que tout ce qu'ils voyoient, ne fût une opération divine. Ce n'étoit cependant qu'un tour d'adresse, infiniment inférieur à ceux que font les habiles joueurs de gobelets. Il est aisé de faire voir tout ce qu'on veut à un peuple prévenu & aveuglé par la superstition. Il paroît clairement que ceci étoit un jeu. Le jeune homme avoit appris son rôle, avant que de venir au lieu ou parloit notre Philosophe, & on avoit tout disposé pour faire tomber la statue, lorsque celui-ci parleroit.

Après avoir opéré ce prodige, APOL-

LONIUS viſita tous les Temples de la
Grece qui étoient fameux par des oracles. Etant à l'Iſthme de Corinthe, il
dit : *Cette langue de terre ſera coupée , ou
plutôt ne le ſera pas.* Cela ne ſignifioit
rien. Cependant les Athéniens , qui
croyoient que cet homme connoiſſoit
les raiſons myſtérieuſes des ſtatues &
chaſſoit les Démons , s'imaginerent qu'il
y avoit un grand ſens dans ces paroles.
Ceci , diſoient-ils , eſt une prophétie.
Comme ils étoient attentifs à en voir
l'accompliſſement , *Néron* s'aviſa de
vouloir faire couper cette langue de
terre , & n'acheva pas. Voilà , dit-on
alors , la prédiction d'APOLLONIUS accomplie. Il étoit difficile en effet qu'elle
ne le fût point ; car il falloit néceſſaire-
ment que l'Iſthme fût coupé , ou qu'il
ne le fût pas : il n'y a pas de milieu à
cela , & il ne faut point être ſorcier
pour prophétiſer ainſi. Il fit cependant
une prophétie ſemblable à celle-là peu
de temps après, qui eut le même ſuccès.

Après avoir parcouru toute la Grece,
APOLLONIUS vint à Rome. Prêt à entrer
dans cette ville , un homme nommé
Philolaüs , qui le connoiſſoit , l'aborda ,
pour l'avertir que *Néron* haïſſoit les

Philosophes, qu'il avoit fait mettre *Musonius* aux fers, & qu'il feroit sagement
de passer ailleurs. *Musonius* étoit un Philosophe estimable, mais qui étoit accusé
d'avoir excité secretement le peuple à
la révolte & à la sédition, sous prétexte
de prédire l'avenir.

Les disciples de notre Philosophe lui
conseillerent de suivre cet avis, & de
ne pas s'exposer à la fureur de *Néron*;
mais APOLLONIUS leur dit qu'un vrai
Philosophe ne craint rien, & que pour
lui il vouloit voir de près quel animal
c'étoit qu'un tyran. La plupart de ses
disciples ne furent pas si curieux, de
sorte que de trente-quatre qui l'accom-
pagnoient, il n'y en eut que huit qui entrerent avec lui dans Rome.

A peine étoit-il arrivé, qu'il fut mandé chez les Consuls. L'un d'eux, nommé
Telesin, l'interrogea sur son habit & sa
profession, & sur la maniere de prier
les Dieux. APOLLONIUS répondit à toutes ces questions, & se montra si instruit en matiere de Religion, que le
Consul lui permit de visiter tous les
Temples, & donna ordre aux Sacrificateurs de le recevoir : il lui permit même
de loger dans les Temples suivant sa
coutume.

Notre Philosophe paſſoit de l'un à l'autre pour prier également tous les Dieux, & par ſes diſcours autant que par ſes actions il gagna beaucoup de monde à la piété. À l'égard de ſa conduite, il parloit indifféremment à tout le monde, ſans faire ſa cour aux Grands. Il s'étoit acquis ainſi l'eſtime, & même une ſorte de vénération, de la part des Romains. Mais un de ſes admirateurs, pour s'être déclaré trop ouvertement ſon diſciple, penſa le perdre.

Cet homme, qu'on nommoit *Démétrius*, s'aviſa de blâmer ſans ménagement quelques uſages établis. Cela déplut à *Tigellin*, le plus puiſſant favori de *Néron*. Il le chaſſa de Rome ; & comme il ſoupçonnoit APOLLONIUS d'avoir quelque part à la conduite de *Démétrius*, il le fit obſerver ſoigneuſement. Notre Philoſophe fut informé de cet eſpionnage, & en augura fort mal. Pour parer le coup que *Tigellin* lui préparoit, il eut recours à ſes prophéties, afin de faire voir au favori de l'Empereur qu'il étoit inſpiré des Dieux, & qu'il étoit par conſéquent en état de punir ceux qui oſoient le menacer. Il falloit une occafion favorable à fon projet, & elle fe préfenta heureufement.

Il y eut une éclipfe de foleil, & il tonna en même temps. APOLLONIUS leva alors les yeux au ciel, & fe tint quelque temps dans cette pofture. On s'affembla autour de lui, pour favoir s'il découvroit quelque chofe ; mais notre Philofophe, au lieu de fatisfaire les fpectateurs, s'écria comme par infpiration : *Quelque chofe de grand arrivera & n'arrivera pas.* C'étoit là une prophétie fure, car cette chofe devoit néceffairement arriver, ou ne pas arriver. Il n'y a pas de milieu à cela.

Le peuple ne fut ce que cela vouloit dire. Il n'y avoit que le ton d'APOLLONIUS qui l'étonnoit, car il ne trouvoit point de fens dans fes paroles. Mais le hafard favorifa notre Philofophe & le tira d'affaire.

Trois jours après cette prédiction, il tonna encore, & la foudre tomba fur la table où *Néron* mangeoit, & frappa la coupe qu'il avoit dans fes mains & qu'il portoit à la bouche, fans lui faire aucun mal. Voilà, dit APOLLONIUS, ma prophétie accomplie : effectivement, dit le peuple, l'Empereur devoit être frappé de la foudre , & n'en a pas été frappé. Il eſt donc arrivé quelque choſe de grand, qui n'eſt point arrivé. Cette conſéquence eſt ridicule ; mais tout ce qui intéreſſe les Rois eſt toujours grand & myſtérieux , & voilà pourquoi on ne manqua pas d'appliquer à cet événement la prédiction de notre Philoſophe.

Content de ce ſuccès , il ſe moqua un peu du favori de *Néron* ; mais *Tigellin* n'entendit pas raillerie. Son orgueil en fut bleſſé : il voulut même en tirer vengeance. Il accuſa Apollonius d'avoir manqué de reſpect à l'Empereur. Il fit un libelle d'accuſation contre lui ; mais comme il voulut l'ouvrir devant *Néron*, il trouva le papier blanc ſans aucune écriture. Extrêmement ſurpris de cette aventure , il crut que le diable étoit de moitié avec notre Philoſophe , & qu'il avoit effacé l'écriture de ſon libelle. Sur le champ il manda Apollonius , & lui demanda comment il jugeoit des Démons & des fantômes : *Comme je juge des homicides & des impies* , répondit-il. C'étoit un reproche tacite de ces crimes à celui qui l'interrogeoit. Il nia auſſi d'être devin , & parla ſur ces objets avec tant de ſageſſe , que

Tigellin en fut effrayé, & le laiffa aller.

Mais tout ceci eft peu de chofe. Apollonius voulut frapper le dernier coup, & médita un prodige qui fit trembler les Romains & *Néron*. On ne fait comment il l'opéra. Voici le fait :

Une jeune fille étant prête à fe marier, fe laiffa mourir, ou du moins on la crut morte. En conféquence de cette perfuafion, on la mit fur un lit pour la porter à découvert au lieu de la fépulture, fuivant l'ufage des Romains. Le fiancé fuivoit le corps en fe lamentant. Apollonius rencontra le convoi ; & ayant confidéré la fille, il dit : Mettez le lit à terre, & je ferai ceffer vos larmes. Il demanda le nom de cette fille, la toucha, & dit quelques paroles à voix baffe. Peu de temps après la prétendue morte parla, fe leva & s'en alla gaillardement chez fon pere. Les parents voulurent reconnoître ce grand fervice, en offrant une groffe fomme d'argent à notre Philofophe ; mais il la refufa. Donnez-la, dit-il, en dot à la Demoifelle.

Les perfonnes fenfées, & même les admirateurs d'Apollonius n'ont pas cru qu'elle fût morte. Ils prétendent

qu'il fortoit quelques vapeurs de fon vifage, & qu'une rofée qui tomba, la fit
revenir de fa pamoifon. Ils expliquent
ainfi cette réfurrection. Mais ce n'eft
point affez. Il falloit ajouter qu'APOLLO-
NIUS s'étoit trouvé dans ce moment auprès de cette fille; & cette rencontre,
avec les circonftances qui l'accom-
pagnent, eft affurément fort heureufe,
fi elle n'eft que cela. Si c'eft ici un effet
du hafard, il falloit le dire; fi c'étoit une
chofe concertée, il falloit le dire encore. Sans cette addition, l'explication
que l'on donne de la réfurrection de la
fille eft infuffifante.

Il eft plus croyable qu'APOLLONIUS
s'étoit entendu avec la fille & fon futur
époux, pour procurer à cette fille,
par un prodige apparent, une dot plus
groffe que celle que fes parents vouloient lui donner, comme elle l'eut effectivement par le don que notre Philofophe lui fit de la fomme qu'on lui avoit
offerte. APOLLONIUS gagna à cela de la
confidération, & la Demoifelle une
bonne dot: ainfi chacun fut content
fuivant fon defir.

Il ne paroit pas que ce miracle éton-
nât beaucoup les Romains. *Néron* mê-

me n'en diſtingua pas pour cela APOL-
LONIUS des autres Philoſophes ; car il
fit publier que tous les Philoſophes euſ-
ſent à ſortir de Rome, & APOLLONIUS
fut compris dans cette ordonnance.

Il prit le chemin de l'Eſpagne, & s'arrêta à Cadix. Le cœur ulcéré du mauvais traitement que *Néron* lui avoit fait,
il voulut ſoulever contre lui l'Intendant
de ce pays : ce qui lui a mérité des éloges de la part de ſon hiſtorien, que l'Auteur de l'hiſtoire des Empereurs blâme
ſi fort. Il ajoute que les autres Philoſophes n'étoient pas plus ſcrupuleux que
lui ſur cet article, n'y ayant que la Religion Chrétienne, dit il, qui apprenne
à conſidérer les hommes, non ce qu'ils
ſont en eux-mêmes, mais dans l'ordre
de Dieu. Quoique cette remarque ſoit
vraie, *Bayle* la juge cependant ſuper-
flue. La réflexion de ce ſavant à ce ſujet eſt remarquable. » M. de *Tillemont*
» ſe pouvoit fort bien paſſer de cette
» remarque morale & de toute ſa pa-
» renthèſe ; mais ſur le point dont il eſt
» ici queſtion, je ne vois pas que de-
» puis plus de mille ans il ſoit en droit
» d'inſulter les Philoſophes. Les Chré-
» tiens & eux ne s'en doivent guere les
» uns aux autres «.

Il eſt certain que M. de *Tillemont* n'a pas raiſon d'attribuer à tous les Philoſophes la faute de quelques-uns d'eux, & qu'il étoit inutile de les inſulter à l'occaſion d'APOLLONIUS. Cet homme vouloit ſe venger, & cela n'eſt point du tout philoſophique. Il a encore bien d'autres torts à l'égard de l'Empereur *Domitien*, comme on le verra bientôt.

Notre Philoſophe ne fit point un long ſéjour à Cadix. On l'attendoit en Egypte, & il crut devoir ne pas différer de répondre à l'empreſſement de ceux qui s'y étoient rendus pour ſe joindre à lui. Il y reçut la viſite de *Veſpaſien*, qui y arriva peu de temps après. Il étoit dans le temple lorſqu'on l'avertit que le Prince s'avançoit pour le voir ; mais cet avis ne l'engagea point à ſortir de ſa place, comme on le deſiroit. *Veſpaſien* ne fit point attention à cette incivilité : il lui dit les choſes les plus obligeantes, & le conſulta en particulier ſur l'état de ſes affaires.

Il s'agiſſoit de ſavoir s'il devoit renoncer à l'Empire. Deux Philoſophes célebres dans le temps, *Dion* & *Euphrate*, lui conſeilloient de prendre ce parti, & de rétablir la République ; mais APOLLONIUS

combattit leur fentiment avec beaucoup
de fupériorité. Il donna à *Vefpafien* de
belles regles pour bien gouverner , dont
le Prince fut fi content , qu'il voulut fur
le champ lui en témoigner fa reconnoif-
fance ; mais notre Philofophe refufa fes
préfents. Sans doute que , pour lui concilier encore plus le refpect du peuple ,
Apollonius lui recommanda de fe donner pour un demi-Dieu. Il lui apprit
même le fecret de faire des miracles , &
Vefpafien en fit.

Il rendit la vue à un aveugle , en lui
crachant aux yeux. Il guérit le mal
qu'un homme avoit à la main , en mar-
chant fur cette main. Il s'applaudiffoit
fort de ces fuccès ; mais un de fes af-
ranchis calma un peu cette joie. Il lui
fit voir qu'il favoit faire auffi des miracles. Il entra dans le Temple de Sérapis,
où *Vefpafien* étoit , fans qu'on pût deviner comment il s'y étoit introduit ; &
cet homme , qui depuis long-temps étoit
eftropié , difparut tout d'un coup. Le
Prince voulut favoir ce qu'il étoit devenu : des Couriers partirent pour le
chercher , & le trouverent à quatre-
vingts mille , qui font plus de vingt-fix
lieues , depuis l'heure même qu'il avoit
paru devant *Vefpafien.*

Il n'y eut que notre Philosophe qui ne s'étonna pas de tous ces prodiges. Il dit adieu à *Vespasien*, & s'en alla à Argos. Il y rencontra *Titus*, fils de *Vespasien*, qui lui demanda quelques regles pour bien gouverner. APOLLONIUS lui recommanda d'imiter son pere, & de souffrir les réprimandes de *Démétrius*, Philosophe cynique, qui suivoit *Titus*, & disoit la vérité sans aucun respect humain, & l'assura qu'avec cet exemple & ses conseils il regneroit heureusement.

Titus lui promit de suivre ses avis. Il le consulta comme un devin sur sa fortune ; & APOLLONIUS lui prédit que son frere l'empoisonneroit : mais la prédiction étoit si obscure, que personne n'y entendit rien. Ce ne fut qu'après l'événement, qu'on crut comprendre l'énigme, & qu'on assura qu'il avoit deviné.

En passant par une ville, *Titus*, accompagné toujours de notre Philosophe, reçut une députation des habitants, pour le prier d'intercéder auprès de *Vespasien* en leur faveur sur une grace qu'ils demandoient. *Titus* promit de ne rien oublier auprès de l'Empereur pour l'obtenir. Làdessus APOLLONIUS le pria de lui dire

quel parti il prendroit si on venoit lui
dire que quelques-uns de ces habitants se
liguoient contre lui & contre son pere.
Titus répondit qu'il les feroit mourir.
Est-ce donc, repartit notre Philosophe,
*que vous pouvez ordonner sur le champ la
mort des hommes ; & que pour faire des
graces il faut délibérer long-temps, & avoir
recours au conseil & à l'autorité d'un autre ?* Le fils de *Vespasien* fut enchanté de
cette réflexion, & en fit un bel usage
pendant son regne, comme tout le
monde le sait.

Ce fut ici le dernier entretien qu'A-
POLLONIUS eut avec *Titus*. Ce Prince
alla joindre son pere, auquel il succéda
peu de temps après, & le Philosophe
prit le chemin de l'Asie, pour y répandre sa doctrine. *Titus* ne regna que deux
ans. *Domitien* lui succéda, c'est-à-dire
que l'homme le plus cruel prit la place
du Prince le plus doux. APOLLONIUS apprit cet événement. On lui dit aussi que
Domitien regnoit en tyran, & on l'ins-
truisit de tous les actes de cruauté qu'il
exerçoit. Notre Philosophe censura avec
beaucoup de hauteur & de liberté la
conduite de ce Prince. Il travailla à
soulever tout le monde contre lui ,

& particuliérement *Nerva* qui regna depuis.

Domitien fut informé de toutes ces manœuvres. On lui dit même qu'A-POLLONIUS avoit égorgé un enfant pour trouver dans ses entrailles la connoissance de l'avenir en faveur de *Nerva*. Sur cela l'Empereur donna ordre au Gouverneur de l'Asie de l'arrêter, & de le lui envoyer. Mais notre Philosophe en ayant été averti, prévint cet ordre, & alla de lui-même à Rome. En passant à Pouzzol, il rencontra *Démétrius*, qui l'exhorta à se retirer promptement de peur de perdre la vie ; mais APOLLO-NIUS, sans s'effrayer de ce danger, répondit qu'il ne pouvoit le faire sans trahir *Nerva*, que *Domitien* avoit banni de Rome, & que d'ailleurs il étoit bien assuré que l'Empereur ne le feroit pas mourir.

Il continua son chemin, sans chercher même à se déguiser. Seulement il exigea de son disciple *Damis* qu'il changeât d'habit, afin qu'il ne fût point enveloppé dans les malheurs qui pourroient lui arriver.

Dès que l'Empereur sut son arrivée à Rome, il ordonna au Préfet du

Prétoire, nommé *Casperius Elianus*, de
le faire arrêter. Cet Officier avoit connu
notre Philosophe en Egypte, & l'affectionnoit beaucoup. Il craignit pour ses
jours ; & comme il vouloit le sauver,
il lui parla en particulier, afin de lui
suggérer des moyens de se défendre. Il
rendit ensuite un compte si favorable de
sa conversation à *Domitien*, que ce
Prince consentit qu'on le laissât libre
dans sa prison sans chaînes.

Il vit ainsi tous les prisonniers qu'il
tâcha de consoler. Un d'entre eux lui
raconta qu'il n'étoit enfermé que parcequ'il avoit été riche. Lorsque j'avois peu
de biens, lui dit il, je vivois content
& sans crainte ; mais étant devenu riche
par beaucoup de successions qui m'é-
toient échues, je suis devenu misérable,
obligé, pour me conserver, de flatter
& d'enrichir les uns & les autres, réduit
à craindre mes propres valets, & enfin
traité comme criminel. C'étoit là une
belle occasion de faire l'éloge de la
médiocrité, & APOLLONIUS ne la laissa
point échapper. Il ajouta ce qu'il jugea
convenable pour adoucir ses peines,
sans rien dire contre l'Empereur, persuadé qu'il avoit des espions.

Six jours après sa détention, *Domitien* l'envoya chercher pour le voir avant le jugement. Il y alla accompagné de *Damis* qui avoit grand'peur. APOLLONIUS entra seul, & il trouva l'Empereur qui venoit de sacrifier à Minerve dans un sallon d'Adonis. Il n'eut pas plutôt apperçu la figure extraordinaire de notre Philosophe, qu'il s'écria qu'on lui avoit amené un diable. *Je vois bien*, lui dit sur le champ APOLLONIUS, *que Minerve ne vous a pas encore fait la même grace qu'à* Diomede, *de vous ôter de devant les yeux le nuage qui empêche de discerner les hommes & les Dieux.* L'Empereur lui fit quelques interrogations sur la conspiration de *Nerva.* Notre Philosophe nia hardiment cette conspiration, & soutint avec fermeté que *Nerva* ne songeoit point à l'Empire : ce qui mit l'Empereur si fort en colere, qu'il lui fit couper la barbe & les cheveux, & le renvoya en prison chargé de chaînes. Cet ordre effraya son cher disciple *Damis* qui le suivoit dans la prison : mais APOLLONIUS lui assura qu'il ne lui feroit point de mal ; & pour lui donner une marque non équivoque de sa certitude, il tira sa jambe de la chaîne qui la tenoit, & la remit.

Damis regarda cela comme un miracle, ne douta point que son maître n'eût le pouvoir de se garantir des fureurs de *Domitien*, & reconnut qu'il étoit au-deffus de l'homme.

Apollonius demeura cinq jours dans cet état, & le lendemain on l'amena devant *Domitien*, au milieu de sa cour qu'il avoit affemblée pour cela. L'Empereur lui fit quelques interrogations, fans le preffer beaucoup. Voici quelques-unes de ces interrogations : Pourquoi ne vous habillez-vous pas comme les autres ? *C'eft*, dit Apollonius, *que la terre, qui me nourrit, me vêtit ainfi fans être à charge aux autres animaux.* Pourquoi vous nomme-t-on Dieu ? *Parceque quiconque eft eftimé homme de bien, peut être honoré de ce nom.* Et comment avez-vous pu favoir la maladie qui étoit arrivée à Ephefe pour la prédire ? *La fimple nourriture que je prends,* lui répondit le Philofophe, *me fit appercevoir le premier du mal ; & fi vous voulez je vous dirai la caufe de ces maladies.* Cela n'eft pas néceffaire, reprit l'Empereur ; & craignant peut-être qu'il ne lui reprochât des crimes, il le déchargea de toutes les accufations qu'on avoit faites

contre lui, & lui dit de ne point ſortir
de l'endroit où il étoit juſqu'à ce qu'il
l'eût entretenu en particulier. Notre
Philoſophe le remercia de la juſtice qu'il
venoit de lui rendre : mais pour ne plus
s'expoſer à de pareilles queſtions, &
pour montrer qu'on ne l'auroit pas pris
s'il ne l'avoit voulu, il diſparut de l'auditoire.

Il étoit midi à Rome, & il ſe trouva
le même jour vers le ſoir à Pouzzol qui
eſt éloignée de Rome de près de cinquante lieues. *Damis* s'y étoit rendu la
veille, ſuivant ſon ordre, quoiqu'il ne
s'attendît point à le revoir. Il y avoit
trouvé *Demetrius* le cynique, avec lequel
il ſe promenoit le ſoir même qu'APOLLO-
NIUS arriva. O Dieux ! diſoit *Damis* à
Demetrius, ne verrons-nous plus cet
excellent ami ? Oui, vous le verrez,
leur dit notre Philoſophe en paroiſſant
tout d'un coup au milieu d'eux ; & ten-
dant la main à *Demetrius* qui lui demandoit s'il étoit vivant ou mort : *Donnez-
moi la main*, lui dit-il, *& ſi je m'enfuis,
croyez que je ſuis un fantôme envoyé par
Proſerpine ; ſi je demeure, perſuadez auſſi
à* Damis *que je ſuis vivant.*

Demetrius & *Damis* ne douterent

point qu'ils ne parlaſſent véritablement à leur ami, & *Damis* lui demanda ce qui lui étoit arrivé depuis ſon départ ; à quoi APOLLONIUS répondit fort laconiquement, parcequ'il avoit beſoin de repos. *Quand on a été transporté*, dit-il, *par le Diable d'un lieu à un autre, il reſte toujours une laſſitude extraordinaire.* *Demetrius* le conduiſit donc ſans délai chez lui, où notre Philoſophe commença par ſe laver les pieds ; & ayant dit pour ſa priere du ſoir un vers d'Homere à la louange du ſommeil, il ſe jetta ſur un lit & s'endormit.

Le lendemain *Damis* lui demanda en quel pays il vouloit ſe retirer : En Grece, répondit il. Vous y ſerez bientôt reconnu, répliqua *Damis*. Je n'ai pas beſoin de me cacher, reprit APOLLONIUS, & laiſſant là *Demetrius*, ils s'embarquerent le jour même, paſſerent en Sicile, & de là ils allerent voir les jeux olympiques.

Cependant la diſparition de notre Philoſophe cauſoit à l'Empereur de grandes inquiétudes. Il la regardoit comme un événement ſurnaturel, & cela l'effrayoit beaucoup. D'ailleurs cette diſparition donnoit lieu à des raisonnements fâcheux qui lui faisoient tort. Tout le monde qui savoit qu'Apollonius avoit été pris & mis aux fers, ne le voyant plus paroître, disoit que *Domitien* l'avoit fait brûler. Mais quand on sut où il étoit, on accourut de toutes parts pour le voir & pour savoir de lui comment il s'étoit sauvé des mains de l'Empereur, & il répondit simplement qu'il s'étoit justifié.

M. *Fleury*, en rapportant ce trait remarquable de la vie d'Apollonius, ne croit pas qu'il ait pu faire cinquante lieues dans une après-midi sans le secours du diable. Mais les a t-il faites ces cinquante lieues? On prétend que *Damis* étoit parti la veille de la disparition, & il étoit arrivé de bonne heure à Pouzzol, puisqu'Apollonius le trouva à la promenade, conversant avec *Demetrius*. Il avoit donc fait cinquante lieues dans vingt-quatre heures. Cela est-il croyable? Pas plus que la célérité de la course d'Apollonius. Et si le diable avoit porté le maître, il falloit au moins qu'il eût aidé le disciple. Il y a donc une erreur dans le récit de *Philostrate*, & il ne faut qu'une erreur pour faire un miracle ou pour le défaire.

Au milieu de ſes courſes l'argent lui manqua. *Damis* lui demanda comment il comptoit faire pour en avoir. J'y pourvoirai demain, répondit-il ; & le lendemain étant allé au temple, il dit au Sacrificateur : *Donnez-moi mille drachmes de l'argent de Jupiter, ſi vous ne croyez pas qu'il le trouve mauvais.* Ce qu'il trouvera mauvais, dit le Sacrificateur, c'eſt que vous n'en preniez pas davantage. Cet homme ſavoit cela, ou s'il ne le ſavoit pas, il croyoit le ſavoir, & ce n'eſt pas peu de choſe que de connoitre les intentions & les ſecrets d'un Dieu. Comme Apollonius étoit regardé comme un homme divin, il craignoit peut-être qu'en n'agiſſant pas généreuſement avec lui, il ne le deſſervît.

Apollonius paſſa deux ans en Grece, occupé à inſtruire ceux qui venoient à lui, & à les exhorter à mener une vie tranquille, & à s'éloigner des affaires. Il alla à Epheſe où il prêchoit auſſi l'amour de cette vertu. Un jour qu'il haranguoit le peuple entre onze heures & midi, il commença à baiſſer ſa voix, comme s'il eût eu peur : il parla enſuite négligemment, puis il ſe tut & parut avoir oublié ce qu'il avoit à dire. Enfin,

les

les yeux égarés & fixés en terre, il fit trois ou quatre pas, & cria : *Frappe le tyran, frappe.*

Ces grimaces & ces discours étonnerent beaucoup les spectateurs. Ils se demandoient les uns aux autres ce que cela vouloit dire ; mais Apollonius les tira de peine par ces paroles : *Courage, mes amis*, leur dit-il, *le tyran a été tué aujourd'hui ; que dis-je aujourd'hui ? tout maintenant, j'en jure par Minerve ; maintenant, quand j'ai cessé de parler.* Les Ephésiens crurent tout de bon que la tête avoit tourné à notre Philosophe, tant ce discours leur parut dépourvu de raison ; mais Apollonius qui s'apperçut de leur incrédulité, voulut leur persuader la vérité de sa nouvelle, en la rendant encore plus incroyable. *Je ne m'étonne pas*, leur dit-il, *que vous ne vouliez pas croire une nouvelle que tout Rome ne sait point encore.* A ces mots ses auditeurs resterent tout stupéfaits : mais ils apprirent bientôt que *Domitien* avoit été assassiné le jour & à l'heure même que notre Philosophe l'avoit annoncé.

Je ne crois pas que les personnes sensées soient étonnées de ce miracle. Il en est de celui là comme des autres. On a vu ci-devant qu'Apollonius étoit ami du Préfet du Prétoire, & qu'il s'entendoit avec lui. Il lui avoit sans doute fait part de l'assassinat de *Domitien* avant que la nouvelle en fût répandue dans Rome ; & quand on le sut à Rome, peut-être empêcha t-on qu'on ne l'écrivît dans les pays étrangers, pour éviter les troubles que cause toujours la mort d'un Souverain quand son successeur n'est pas désigné. Notre Philosophe eut donc le temps de préparer sa prédiction, & de faire le Prophete. Tout cela est fort vraisemblable & très naturel, & on n'a pas besoin que le diable s'en mêle pour faire un pareil miracle.

Nerva succéda à *Domitien.* C'est celui en faveur duquel notre Philosophe avoit formé une conspiration en Espagne. Le nouvel Empereur fut à peine assis sur le trône, qu'il écrivit à Apollonius de venir l'aider de son conseil ; mais notre Philosophe lui répondit : *Dans peu nous ferons ensemble pour y demeurer éternellement, mais en lieu où nous ne dominerons point les uns sur les autres, ni personne ne dominera sur nous.* C'étoit lui annoncer qu'il ne songeoit qu'à mourir, & qu'il ne vouloit plus se mêler de rien. Il avoit fait effectivement ce projet. Résolu de l'exécuter, il voulut se séparer de *Damis*, afin de finir ses jours sans témoins : car une de ses maximes qu'il affectionnoit beaucoup, étoit celle ci : *Cache ta vie pendant que tu vivras : que si tu ne le peux, cache-toi alors que tu voudras mourir.* Il fallut trouver un moyen de donner à son disciple son congé, & voici l'expédient qu'il imagina.

Il écrivit une seconde lettre au nouvel Empereur, dans laquelle il l'instruisoit comment il devoit gouverner ; & ayant appellé *Damis*, il lui dit : Les affaires présentes requièrent que vous soyez le porteur de cette lettre, afin d'expliquer à l'Empereur de vive voix des choses importantes que je ne puis confier ni au papier, ni à d'autre personne qu'à vous. *Damis* se chargea avec peine de cette commission : il ne vouloit point abandonner son maître, & ce ne fut qu'avec grand regret qu'il consentit à le quitter. En l'embrassant pour la derniere fois, APOLLONIUS lui dit : *Mon cher* Damis, *quoique vous soyez bien instruit en philosophie, souvenez-vous cependant de moi.*

Ce fut ici le dernier événement de sa vie. Il disparut, & on n'entendit plus parler de lui. On ne fait ni en quel lieu ni en quel temps il mourut, ni même l'âge qu'il avoit alors. Quelques Auteurs lui donnent quatre-vingt-dix ans, & d'autres veulent qu'il ait vécu plus de cent ans.

Quoi qu'il en foit, lorfqu'on crut que notre Philofophe étoit mort, ou, pour mieux dire, qu'au lieu de payer ce tribut à l'humanité, il s'étoit élevé au ciel, on s'empreffa de lui rendre de très grands honneurs. Les habitants de Tyane lui bâtirent un temple, & ailleurs on plaça fon image dans les temples. *Aurelien* ayant réfolu de faccager Tyane, fe défifta de fon deffein, parcequ'il crut qu'APOLLONIUS lui apparut & lui défendit de le faire. Non content d'obéir à cet ordre imaginaire, *Aurelien* lui voua un temple, une image & des ftatues. L'Empereur *Alexandre* avoit auffi l'image de ce Philofophe dans un lieu particulier de fon palais, & il lui rendoit un culte. Lorfqu'il n'avoit pas couché avec fa femme, il commençoit la journée par des actes de dévotion. Il s'en alloit enfuite dans fon oratoire pour y pratiquer des cérémonies religieufes en l'honneur d'APOLLONIUS & des autres patrons qu'il avoit choisis. Enfin ce personnage fut en si grande vénération, que plusieurs personnes prétendoient faire des enchantements en mêlant le nom d'Apollonius avec certaines paroles.

Eusebe dit que de son temps on faisoit courir le bruit qu'on verroit des prodiges par l'invocation d'Apollonius. Il les appelle magiques & superstitieux ; mais plusieurs Païens les prenoient pour de bons miracles. Et St. *Augustin* a écrit qu'il a été souvent importuné par de foibles Chrétiens qui venoient lui demander si les miracles de *Jesus-Christ* égaloient ou surpassoient ceux de notre Philosophe, & que la question étoit proposée d'une maniere si sérieuse, qu'il n'osoit la rejetter avec mépris. Il usoit de ménagement, & convenoit qu'Apollonius valoit beaucoup mieux que Jupiter. Un certain *Eunapius* a prétendu encore au commencement du premier siecle, »qu'Apollonius n'étoit pas tant » un Philosophe que quelque chose qui » tenoit le milieu entre Dieu & l'homme, » & que *Philostrate* devoit avoir intitulé » l'histoire qu'il en faite, *la descente* » *d'un Dieu sur la terre* ». Enfin un homme nommé *Hierocles*, grand ennemi de l'Evangile sous l'Empereur *Diocletien*, a composé un ouvrage dans lequel il fait un parallele entre *Jesus-Christ* & APOLLONIUS, qu'il ose préférer à Notre Sauveur. Mais cet ouvrage a été pulvérisé par *Eusebe*, & la gloire de *Jesus-Christ* a été rétablie dans toute sa pureté & dant tout son éclat. Cette réfutation est d'autant plus victorieuse, qu'*Eusebe* rend du reste justice à notre Philosophe sur son intelligence & son savoir. Il déclare qu'il regarde APOLLONIUS comme un savant homme, & il consent qu'on le place au nombre des Philosophes avec toutes sortes d'honneurs.

Voilà la véritable place que notre Sage doit occuper. Toutes les personnes éclairées la lui ont adjugée, & on ne peut nier qu'il ne l'ait méritée par l'austérité de sa vie, par l'étendue de ses connoissances, & par le service qu'il a rendu aux hommes, en leur apprenant que la paix, l'union & la concorde sont le souverain bien.

Il laissa après sa mort quelques ouvrages qui sont perdus. Il avoit écrit quatre livres sur *l'art de deviner par les astres*; un sur cette question : *L'entende-*

ment humain peut-il parvenir à prédire les chofes futures ? & quels doivent être ceux qui veulent faire profeſſion de prédire ? & un autre ſur les ſacrifices, pour marquer ce qu'il falloit offrir à chaque Divinité. Ce dernier ouvrage fit beaucoup de bruit dans ſon temps.

Suidas dit encore que notre Philoſophe avoit fait un teſtament, un recueil d'oracles & de lettres, & qu'il avoit écrit la vie de *Pythagore.* Son Hiſtorien *Philoſtrate* en a conſervé quelques-unes dans ſon hiſtoire ; elles ſont toutes fort courtes & aſſez bien écrites.

MARC-AURELE.

MARC AURELE *.

Quoiqu'Apollonius de Tyane eût professé avec éclat la doctrine de *Pythagore*, & qu'il eût eu beaucoup de Disciples, la Philosophie des Stoïciens dominoit toujours à Rome. On croyoit qu'elle approchoit le plus de celle de *Socrate*; & ce Philosophe étoit en si grande vénération, que toutes les Sectes vouloient l'avoir pour leur Chef. *Seneque* & *Epictete* avoient encore bien fait valoir cette Philosophie, malgré les défauts dont ils l'avoient tachée. Le premier, aux vertus des premiers Stoïciens, mêloit tout l'orgueil de leurs Disciples. *Epictete* étoit plus simple & plus solide; mais on trouvoit qu'il manquoit d'élévation & de vues.

Le Sage qui va nous occuper, eut assez de génie & de vertus pour parer à ces inconvénients. Il professa le stoïcisme dans toute sa pureté, & le perfectionna.

---

* *La vie de Marc Aurele*, *d'Antonin*, à la tête des *Réflexions morales de l'Empereur Antonin*, traduites par M. Dacier. *Histoire des Empereurs* par M. *Lenain de Tillemont*, Tome II. Préface des *Réflexions de l'Empereur Antonin*, par un anonyme. Et ses Ouvrages.

Non content de recevoir & d'expliquer
solidement les préceptes de ses maîtres,
il les corrigea & leur donna une nouvelle force, soit par la maniere naturelle
& ingénieuse dont il les proposoit, soit
par les nouvelles découvertes qu'il y
joignit.

Il enseigna que notre ame n'est pas sa
lumiere à elle-même, & qu'elle ne se
voit que par la lumiere dont il plaît à
Dieu de l'éclairer ; que la justice n'est
pas la fille de l'utilité, qu'elle dépend
immédiatement de Dieu, & est aussi
ancienne que sa sagesse ; que la charité
est la vertu la plus propre & la plus convenable à l'homme, & qu'il n'y a de
véritable bien que ce qui est utile à la
société ; que tous les maux qui arrivent
dans le monde, bien loin de nuire à la
loi, n'en sont que l'accomplissement, &
servent d'instruments à la bonté de Dieu,
ou à sa justice ; que la véritable force &
le vrai courage ne se trouvent que dans
l'humanité ; que le mensonge, même
involontaire, est une impiété, & que
l'ignorance qui le fait commettre est
inexcusable, parcequ'elle vient du mépris qu'on fait des secours qu'on nous a
donnés pour nous préserver de l'erreur,

& que nous nous fommes mis par-là volontairement hors d'état de difcerner la
vérité d'avec le menfonge.

En un mot , ce Sage s'eft attaché à
connoître les moyens de bien vivre &
de remplir les engagements qui nous
lient avec Dieu , avec notre prochain ,
& avec nous-mêmes. Voilà affurément
tout le but de la morale , & on doit regarder comme un grand Moralifte celui
qui y a atteint : auffi le traducteur de fon
ouvrage (M. *Dacier*) n'héfifte point de
le mettre au-deffus des Philofophes de
l'antiquité : il n'excepte que *Socrate* ,
qui a fcellé par fa mort les vérités qu'il
avoit foutenues pendant fa vie,& ce n'eft
pas tant néanmoins par la beauté de fa
morale que par fa propre fageffe. Quelque fage qu'ait été un Philofophe , on
peut croire , dit M. *Dacier* , qu'il n'a
foulé aux pieds les plaifirs que par im-
puiffance , qu'il a cherché à fe venger
de la fortune en la méprifant. Mais il
n'en eft pas de même de celui dont je
vais écrire l'hiftoire. Elevé par la providence au faîte des honneurs, maître du
premier empire du monde , il pouvoit
tout ; & s'il s'eft abftenu des plaifirs qui
l'entouroient & qui fe préfentoient fans

cesse à lui avec les traits les plus séduï-
sants, il faut qu'il ait eu une plus grande
mesure de vertus que des particuliers.
Aussi rien n'est plus admirable que de le
voir tranquille au milieu d'une foule de
courtisans qui blâment toujours plus les
vertus que les vices, & de lui voir régler sa puissance par sa justice. C'est le
spectacle qu'offre l'histoire de sa vie,
laquelle doit, par cette raison, intéresser les ames sensibles & bien nées.

Il s'appelloit MARC AURELE. Il naquit
à Rome en 121. Sa famille étoit une des
plus nobles & des plus illustres de l'Italie. Du côté de son pere il descendoit de
Numa, & sa mere appartenoit à un
Prince des Salatins.

Dans sa tendre jeunesse il se conduisit
si bien avec ses parents, qu'il captiva leur
amitié. Il ne manqua jamais à ce qu'il
leur devoit, & ne s'en fit point un mérite.
Il disoit qu'il étoit fort aisé de leur plaire,
parcequ'ils étoient si bons, qu'ils ne lui
avoient jamais donné occasion de faire
paroître la mauvaise humeur qui lui
étoit naturelle. Il étoit grave & tranquille. Insensible à la joie & à la tristesse,
il ne changeoit jamais de visage.

Il perdit son pere fort jeune, & fut

élevé dans la maison d'*Annius Verus*, son grand-pere, qui prit un soin particulier de son éducation. Il le mit sous la conduite d'un gouverneur aussi savant que vertueux, & lui choisit les plus habiles maîtres, qui lui apprirent les langues grecque & latine, l'éloquence, la géométrie, la musique & la philosophie. MARC AURELE s'attacha sur-tout à cette derniere science; & parmi les différentes doctrines qu'on lui expliqua, il se fixa à celle des Stoïciens. Il voulut même prendre l'habit de ces Philosophes, & vivre comme eux, en mangeant sobrement & couchant par terre; mais sa mere l'obligea ensuite à prendre un petit lit qu'elle fit couvrir de quelques peaux.

Son mérite lui concilia la bienveillance d'*Adrien*. Ce Prince le fit Chevalier à huit ans, honneur qu'on n'avoit jamais fait à personne à cet âge. Il portoit alors le nom d'*Annius Verus*, qui étoit celui de sa famille; mais *Adrien* l'appelloit *Annius Verissimus*, en faisant allusion à l'amour qu'il avoit pour la vérité.

Après avoir fini ses études, il passa au sacerdoce, suivant l'usage des jeunes gens de qualité qui aspiroient aux charges. Il fut fait Prêtre de Mars , & il en remplit les fonctions avec beaucoup d'affiduité. Il avoit pour maxime de ne rien faire qu'avec la derniere exactitude, ou, comme il s'exprimoit lui-même, *sans y employer toutes les regles de l'art.* Ce fut dans cet ordre qu'il reçut le premier augure de son élévation à l'Empire.

Il étoit des jours marqués où les Prêtres jettoient des couronnes de fleurs fur le petit lit où étoit la ftatue du Dieu Mars. Celle que MARC AURELE jetta fe trouva juftement fur la ftatue du Dieu, comme fi on l'y eût mife avec la main, & il n'appartenoit qu'à l'Empereur de couronner cette ftatue.

Il ne fit ces fonctions que jufqu'à l'âge de quinze ans. Il prit alors la robe virile, & fiança par ordre d'*Adrien* la fille de *L. Cejonius Commodus.* Peu de temps après, ce Prince lui confia le gouvernement de Rome, pendant que les Confuls allerent au Mont d'Albe pour y célébrer les fêtes latines. Notre Philofophe s'acquitta de cet emploi comme les plus graves Magiftrats auroient pu faire, & tint la table de l'Empereur avec beaucoup de fageffe & de dignité.

Il fit dans le même temps une belle

action, ce fut d'abandonner à sa sœur tous les biens de la succession de son pere, & de permettre à sa mere de lui donner aussi les siens, afin que son mari l'aimât encore davantage, & eût toujours pour elle les meilleurs procédés. Il ne lui restoit que la succession de son grand-pere ; mais il la jugea assez considérable pour vivre honorablement.

Cet acte de générosité eut bientôt sa récompense. *Adrien* ayant perdu son adoptif, jetta les yeux sur MARC AURELE pour le remplacer ; mais l'ayant trouvé trop jeune, il adopta *Antonin*, surnommé le Pieux, à condition qu'il adopteroit notre Philosophe, & *L. Verus*, fils de son premier adoptif, ou successeur qu'il avoit désigné. MARC AURELE fut donc destiné à la couronne impériale dès l'âge de dix-huit ans.

C'étoit l'âge où la nouvelle d'un pareil honneur devoit le flatter ; mais bien loin de s'en réjouir, il ne l'apprit qu'avec une espece de tremblement & d'effroi. On le vit triste pendant plusieurs jours. Ses domestiques en furent si étonnés, que ceux d'entre eux qui l'approchoient de plus près, oserent lui en demander la raison, & il eut la bonté de les entretenir des maux qui font inféparables de la royauté.

Quelques jours après fon adoption, *Adrien* lui donna la charge de Quefteur, avec une difpenfe d'âge qu'il avoit demandée au Sénat, afin qu'il pût l'exercer. Ce fut la derniere grace qu'il reçut de cet Empereur, qui mourut bientôt après avoir la lui avoir faite.

Antonin le Pieux, fon fuccefleur, rompit d'abord le mariage que MARC AURELE avoit contracté avec la fille de *Lucius Commodus*, lui fit promettre d'époufer fa fille *Faufline*, qu'il avoit fiancée à *Verus*, mais qui n'étoit point en âge d'être marié. Il le nomma enfuite Conful, à la priere du Sénat, le déclara Céfar, le fit Colonel d'une des fix Compagnies de Chevaliers, lui donna pour logement le palais de *Tibere*, voulut qu'il eût part à toutes les affaires, afin de le former de bonne heure au gouvernement de l'Etat, & enfin le revêtit malgré lui de tout l'éclat de la majefté impériale.

Quoique fenfible à tous ces honneurs, qu'il n'avoit cependant pas fouhaités, MARC AURELE n'en avoit pas moins de paffion pour la Philofophie, à l'étude de laquelle il donnoit tout le temps

qu'il pouvoit dérober à ſes occupations.
L'Empereur voyoit cela avec plaiſir, &
pour le ſeconder dans ſes études, il fit
venir pour lui d'Athenes *Apollonius* de
Chalcis, célebre Philoſophe Stoïcien.
En arrivant à Rome, *Apollonius* deſ-
cendit à une hôtellerie, & fit ſavoir ſur
le champ ſon arrivée à l'Empereur. *An-*
tonin lui manda qu'il n'avoit qu'à venir,
& qu'on lui donneroit ſon diſciple ; mais
le Stoïcien répondit que c'étoit au diſciple à aller trouver le maître, & non
au maître à aller trouver le diſciple. On
rapporta cette réponſe à l'Empereur,
qui dit en riant : *Apollonius* a eu moins
de peine à venir d'Athenes à Rome
qu'il n'en avoit eu de venir de ſon hôtellerie au Palais, & lui envoya MARC
AURELE.

Notre Prince Philoſophe ſe fortifioit,
par les leçons de ce nouveau maître,
contre les caprices de la fortune, & apprenoit à conſerver la tranquillité de ſon
ame au milieu des orages auxquels ſes
dignités pouvoient l'expoſer ; mais ſon
ſtoïciſme plia en voyant mourir ſon gouverneur. Il fut ſi touché de cette perte,
qu'oublian ſa conſtance & ſa fermeté
ordinaire, il donna un libre cours à ſes

regrets , qu'il manifeſta par des larmes,
Les courtiſans furent étonnés de cette
foibleſſe , mais l'Empereur leur dit :
» Souffrez qu'il ſoit homme , car ni la
» Philoſophie ni l'empire ne détruiſent
» pas l'humanité.

C'eſt ſans doute ici le lieu de dire que
notre Philoſophe conſerva toujours
pour ſes maîtres une reconnoiſſance extrême. A deux d'entre eux , qu'il eſti-
moit ſinguliérement , nommés *Fronton*
& Ruſticus , il fit dreſſer des ſtatues. Il
éleva même ce dernier , & *Proculus* ſon
collegue , au Conſulat , en ſe chargeant
de fournir aux dépenſes auxquelles cette
charge engageoit ce collegue qui n'é-
toit pas riche , & il fit toujours l'honneur à *Ruſticus* de le ſaluer avant le Capitaine de ſes Gardes.

A meſure qu'il mouroit un de ſes
maîtres , il faiſoit faire ſa ſtatue en or ,
& la plaçoit parmi ſes Dieux domeſtiques. Il viſitoit ſouvent leurs tombeaux,
y faiſoit des ſacrifices , & les couvroit
de toutes ſortes de fleurs.

Pour divertir le déplaiſir que cauſoit
à notre Philoſophe la mort de ſon gouverneur , *Antonin* voulut qu'il ſe mariât.
Fauſtine ſa fille , qui lui étoit deſtinée ,

étoit une Princesse très belle , mais extrêmement coquette. Elle ne croyoit pas que le cœur d'un Prince Philosophe dût borner son ambition , & elle accueilloit favorablement ceux qui rendoient hommage à ses charmes. Cette humeur galante ne devoit pas faire le bonheur d'un mari ; aussi auroit elle troublé la tranquillité du sien , s'il eût été moins Philosophe.

Cependant MARC AURELE en eut une fille la premiere année de son mariage , & il fut honoré en cette même année de la puissance proconsulaire avec celle du tribunal : deux dignités qui faisoient la principale partie de la majesté impériale. Le Sénat ajouta à ces dignités un droit qu'on avoit inventé pour *Auguste* seul ; ce fut un privilege si vaste & d'un si grand pouvoir , que notre Prince Philosophe pouvoit seul rendre inutiles toutes les assemblées du Sénat.

Si MARC AURELE avoit eu plus d'ambition que de sagesse , il eût pu se rendre maître de l'autorité souveraine , & il ne s'employa qu'à maintenir la liberté & à augmenter la félicité du peuple. Cette haute faveur lui fit des jaloux , qui tâcherent de le rendre suspect à *Antonin* ;

mais ce Prince sage & éclairé méprisa
tout ce qu'on put lui dire. Il connoissoit
notre Philosophe & les courtisans, &
savoit en faire la différence.

Antonin avoit alors 73 ans : il jouissoit d'une bonne santé, & on se flat-
toit qu'il parviendroit à une extrême
vieillesse ; mais une maladie cruelle &
imprévue le mit au tombeau. Il confirma
l'adoption qu'il avoit faite de MARC
AURELE avant que de mourir, en présence des Grands Officiers de la couronne, le nomma seul son successeur
sans parler de *Verus*, & ordonna qu'on
portât dans sa chambre la statue d'or de
la Fortune, qui, comme un gage de la
félicité publique, étoit toujours dans la
chambre des Empereurs.

Dès que le Sénat eut appris la mort de
ce Prince, il obligea notre Philosophe à
prendre les rênes du gouvernement ;
mais il ne les accepta qu'à condition qu'il
partageroit son autorité avec *Verus*, fils
adoptif d'*Antonin*, ainsi que lui. Quoique peu digne de cet honneur par son
goût pour les jeux & les divertissements
les plus frivoles, quoique *Verus* eût peu
d'intelligence & d'aptitude pour les affaires, MARC AURELE se fit un devoir

de l'affocier à fa dignité en mémoire
d'*Antonin*, qui l'avoit d'abord défigné
pour le remplacer Ce fut un acte de re-
connoiffance qui ne furprit perfonne,
tant on étoit perfuadé de la bonté de fon
cœur.

Le premier jour de fon avénement à
la couronne impériale, notre Prince
Philofophe prit le nom d'*Antonin*, & le
donna à fon collegue, à qui il fit fiancer
fa fille. Il fongea enfuite à rendre les
derniers devoirs à l'Empereur. Il ordonna à cet effet la pompe la plus magnifique qu'on eût vue à Rome. Il prononça
lui-même fon oraifon funebre, inftitua
en fon honneur une fociété de Prêtres,
qu'il appella Auréliens, & termina cette
cérémonie funebre par des combats de
gladiateurs.

Rendu chez lui, il fut accablé d'une
infinité de requêtes que lui préfenterent
les Prêtres Païens, afin d'obtenir la liberté de perfécuter les Chrétiens qu'*A-
drien* & *Antonin* avoient toujours pro-
tégés. C'étoit être bien mal avifé que de
s'adreffer pour cela à un Philofophe,
dont la miffion eft de prêcher la tolé-
rance. Auffi non feulement MARC AU-
RELE n'eut aucun égard à leurs requêtes,

il écrivit encore une lettre à l'assemblée d'Asie, qui se tenoit cette année-là à Ephese, pour mettre les Chrétiens à l'abri de leurs poursuites. Cette lettre est très belle : on y lit ces vérités remarquables qui ne peuvent être trop divulguées : *Les persécutions que vous leur faites* (aux Chrétiens) *en les traitant d'impies, ne servent qu'à les fortifier davantage dans leurs sentiments ; & puisqu'ils croient mourir pour leur Dieu, la mort ne leur doit-elle pas paroître plus agréable que la vie ? C'est par-là qu'ils sont toujours vainqueurs, aimant mieux mourir que de se soumettre à vos ordres.... La confiance qu'ils ont en Dieu, augmente à mesure qu'ils sont exposés en un plus grand danger, & vous, vous perdez d'abord courage. Ils s'humilient alors plus profondément devant Dieu, & vous, vous êtes si ignorants & si aveugles, que vous ne vous contentez pas d'oublier tous vos Dieux, & le culte que vous devez au Dieu immortel, vous persécutez encore & poursuivez jusqu'à la mort les Chrétiens qui le servent & qui l'adorent.... Si quelqu'un continue de les persécuter sous prétexte qu'ils sont Chrétiens, j'ordonne que les accusés, quoique reconnus Chrétiens, soient absous, & les accusateurs punis.*

Cet ordre fit regner le calme & la paix dans tout l'empire. C'étoit le vœu du nouvel Empereur. Sa femme lui donna un Prince dans ce temps-là, qu'il appella *Commode*, & qui fut pour lui un surcroît de satisfaction. Mais les ennemis de l'empire vinrent troubler cette félicité.

Les Parthes, sous la conduite de leur Roi *Vologese*, surprirent l'armée romaine qui étoit en Arménie, la taillerent en pieces, & entrerent dans la Syrie, d'où ils chasserent le Gouverneur. Les Cattes porterent le fer & le feu dans toute l'Allemagne, & dans les Pays Grisons, & les Anglois se révolterent. Pour remédier à ces désordres, MARC AURELE envoya des Généraux avec des troupes contre les Anglois & contre les Cattes, & réserva à *Verus* le commandement de celles qui devoient aller attaquer les Parthes. Il fit à ce Prince toutes sortes d'honneurs avant son départ, l'accompagna jusqu'à Capoue; & comme il le connoissoit un peu libertin, il voulut que ses amis & ses principaux Officiers formassent sa cour pour veiller à sa conduite : mais ces précautions, quelque sages qu'elles fussent, ne continrent point *Verus.*

A peine eut-il perdu l'Empereur de vue, que n'étant plus retenu par le respect qu'il avoit pour lui, il se plongea dans les débauches les plus dissolues, & fit de si grands excès, qu'il en tomba dangereusement malade. Les soins qu'on eut de lui le rappellerent à la vie, & il ne profita de la santé que pour se replonger dans de nouvelles débauches.

Marc Aurele, instruit de ses déportements, crut y mettre fin en le mariant avec sa fille qu'il lui avoit fait fiancer lors de son avénement à la couronne: il paroît que ce mariage modéra la fougue de ses passions. Ce qu'il y a de certain, c'est qu'il donna un Roi aux Arméniens, qu'il subjugua les Parthes, & qu'il revint à Rome où il partagea l'honneur du triomphe avec l'Empereur.

Ce Prince jouissoit à peine du prix de ses victoires, que les Allemands se révolterent, firent une irruption dans l'Italie, où ils ravagerent tout ce qui se trouva sur leur chemin. Mais Marc Aurele réprima leur audace, & les soumit à son obéissance. Les soldats, glorieux de ce succès, demanderent pour récompense qu'on augmentât leur paie ; mais l'Empereur leur fit voir

l'injustice

l'injuſtice de cette demande. *Si je vous donnois de l'argent*, leur dit-il, *ce ſeroit vous faire des libéralités aux dépens du ſang de vos peres, dont je dois rendre compte à Dieu, qui eſt ſeul Juge des Princes.* Les ſoldats, ſatisfaits de cette raiſon, en remercierent le Prince, & promirent de ſe ſignaler avec le même déſintéreſſement à la premiere occaſion.

Elle ne tarda pas à ſe préſenter. Les Marcomans & les Quades, peuples très belliqueux, ſe liguerent enſemble pour attaquer les Romains. Une ligue ſi formidable les jetta dans la conſternation. Cette guerre venoit dans un temps d'autant plus fâcheux, que la peſte faiſoit un affreux ravage dans tout l'Empire, & dépeuploit & les campagnes & les villes.

Dans une conjonĉture auſſi délicate, Marc Aurele crut qu'il convenoit d'abord de relever le courage du peuple par la confiance en Dieu, qui étoit le maître de changer les événements. Il ordonna des prieres & des proceſſions publiques, fit ſervir & adorer les ſtatues des Dieux pendant ſept jours de ſuite, voulut qu'on pratiquât tous les cultes étrangers, dans la crainte qu'on en oubliât quelqu'un , & manda à cet effet les Prêtres & les Sacrificateurs de tous les pays.

Après ces actes de piété , il sortit de Rome avec *Verus* , & se mit à la tête de son armée qui ne douta plus que les Dieux ne favorisassent son entreprise. La hardiesse du Maître étoit encore un puissant exemple , lequel ne contribua pas peu à donner aux soldats de nouvelles forces.

En effet , ils pressèrent les ennemis avec tant de fureur, qu'ils mirent la division dans leur armée : ils les poursuivirent ensuite , & les défirent entiérement. Dans cette campagne, *Verus* eut une attaque d'apoplexie qui le mit au tombeau. MARC AURELE fit porter son corps à Rome , & lui rendit les derniers devoirs de la même maniere qu'il les avoit rendus à *Antonin*.

Pendant son absence , les Prêtres Païens , ayant oublié ses ordres , recommençoient à persécuter les Chrétiens dans les Provinces éloignées, avec tant d'acharnement , qu'il eut beaucoup de peine à mettre un frein à leur fureur. D'un autre côté , les Marcomans & les Quades s'étant réunis avec les Sarmates

& les Vandales, vouloient prendre leur
revanche. MARC AURELE, inſtruit de
leurs marches, alla au-devant d'eux
pour les combattre. Il perdit la premiere
bataille ; mais ayant rallié ſes troupes,
il fondit ſur les ennemis avec tant d'a-
vantage, qu'il les obligea de ſe réfugier
honteuſement dans la Pannonie.

Une nouvelle affligeante vint tempérer la joie de ſon triomphe. Il ſemble que
la Providence prenoit plaiſir à exercer
ſa patience & ſon courage. Il apprit en
arrivant à Rome que les Maures rava-
geoient l'Eſpagne, & que des bandits,
ſous la conduite d'un Prêtre nommé
Iſidore, avoient ſurpris une garniſon
romaine. Sur le champ l'Empereur envoya des Généraux dans ces pays,
chargés des inſtructions néceſſaires pour
venger ſon autorité, & il eut le bonheur de chaſſer les Maures & de ſoumettre les rebelles à ſon obéiſſance.

La paix, cette paix ſi deſirée, après
laquelle il ſoupiroit depuis ſi long-temps,
regna enfin dans ſon Empire. Notre
Prince Philoſophe ſe hâta d'en profiter
pour changer les Loix qui avoient beſoin
de réforme.

1°. Afin que ceux qui ſeroient nés

libres euffent le moyen de faire leurs preuves, il ordonna que chaque citoyen de Rome iroit déclarer au dépôt des actes publics tous les enfants qui lui naî-troient.

2°. Il pourvut à la fûreté des pupilles en établiffant un Préteur qu'il appella Tutélaire, parcequ'il donnoit les tu-teurs, & qu'il connoiffoit de toutes les affaires qui regardent les tuteles, & réforma la Loi qui ne foumettoit les mi-neurs à des curateurs que pour caufe de démence ou de débauche, & voulut qu'on en donnât à tous fans exception.

3°. Il fit de beaux Réglements fur les mariages, afin d'empêcher les mariages illégitimes, & au degré défendu.

4°. Il tâcha par toutes fortes de voies de corriger les défordres des femmes & des jeunes gens.

5°. Il modéra les dépenfes publiques, & diminua le nombre des fpectacles & des jeux, pour empêcher fes fujets de s'attacher trop à des divertiffements fri-voles, & de fe ruiner en frais inutiles dont il naiffoit des inimitiés entre les familles. Il fixa auffi le falaire des Co-médiens.

6°. Il pourvut à l'entretien & à la

sureté des rues & des grands chemins. Il
réforma encore tous les désordres des
encans & usures, & adoucit extrêmement la Loi du vingtieme que devoient
payer les étrangers qui recevoient des
legs & des successions.

7°. Il fit des Loix très séveres pour
empêcher qu'on ne violât la sainteté des
tombeaux, & ordonna que les pauvres
seroient enterrés aux dépens du public.

Persuadé que les Loix sont inutiles si
leur exécution n'est commise à des personnes instruites & d'une probité recon-
nue, il avoit grand soin de ne donner
les charges de magistrature qu'à ces
sortes de gens, & il ne recevoit jamais
personne dans le Sénat qu'après l'examen le plus rigoureux & du consente-
ment de tous les Sénateurs. Un homme
de mauvaise réputation lui ayant demandé une charge, il la lui refusa, en
lui disant : *Purgez-vous auparavant des
mauvais bruits qui courent sur votre compte.*

Il se fit un devoir de rendre au Sénat
tous les honneurs possibles. Non seulement il lui renvoyoit beaucoup de causes
qui avoient été jugées dans son Conseil ;
mais il vouloit encore qu'il les jugeât
souverainement & sans appel. Cepen-

dant quand il s'agissoit de la vie de quelqu'un d'eux, il instruisoit lui-même
l'affaire avec un très grand soin, & la
rapportoit ensuite au Sénat.

Dans la punition des crimes il adou-
cissoit presque toujours les peines ordonnées par le Sénat. Il étoit si exact à
faire rendre la justice, sur-tout dans les
procès criminels, qu'il reprit un jour
sévérement un Préteur pour avoir condamné quelqu'un avec trop de précipitation, & il l'obligea à revoir le procès,
en lui disant : *C'est la moindre chose que*
puisse faire un Magistrat établi pour rendre
la justice au peuple, que de se donner la pa-
tience d'entendre les accusés.

Il disoit souvent qu'un Empereur ne
doit jamais rien faire avec précipitation.
Quand on plaidoit devant lui, il donnoit
aux Avocats tout le temps qu'ils demandoient ; car il regardoit la patience
comme une partie de la justice.

Il avoit fort à cœur que tous ses sujets
fussent occupés ; & quand il trouvoit
des gens qui servoient utilement le public, il leur donnoit les louanges qu'ils
méritoient, & les employoit toujours
pour les choses où ils avoient si bien
réussi. Il disoit : *Il ne dépend pas d'un*

Prince de rendre ses sujets tels qu'ils vou-
droient, mais il dépend de lui de s'en servir
utilement en les employant à ce qu'ils savent
faire. Et il avoit souvent à la bouche
cette belle maxime d'*Antonin : Il n'y a*
rien de plus honteux ni même de plus injuste
que de faire manger la République à des
gens qui ne contribuent point à l'enrichir par
leurs travaux.

Il auroit cru commettre une impiété
que de perdre un seul de ses moments.
Dans ses voyages & dans ses expéditions militaires il mettoit à profit le loisir
que lui laissoit la suspension momenta-
née de ses affaires. Il l'employoit à s'entretenir avec lui-même, à mettre par
écrit les réflexions que cet entretien lui
suggéroit, & il composa ainsi un traité
de morale qui a mis le comble à sa gloire.

Ce livre seul pourroit nous rendre si
justes & si pieux, dit M. *Dacier*, que
nous n'aurions plus qu'un pas à faire
pour être de bons Chrétiens. En effet,
l'Auteur enseigne que la véritable religion consiste à être toujours soumis à
Dieu, & à être persuadé qu'il ne fait
rien que de juste ; à combattre nos passions, & à purger notre ame de tous
ses vices, afin que nous puissions être

agréables à Dieu qui ne fouffre rien d'impur ; à travailler à reconnoître notre néant & celui de toutes les chofes crées , & à nous convaincre que ce n'eft ni la gloire , ni la naiffance , ni les Empires qui conftituent la véritable grandeur , mais la juftice ; à prier pour tous les hommes ; à faire du bien à nos ennemis ; à ne point faire de jugements téméraires , & à méprifer ceux qu'on fait de nous ; à fouffrir patiemment les défauts de notre prochain , & à le reprendre avec douceur quand la charité le demande ; à n'avoir de confiance qu'en Dieu ; à renoncer à tous les difcours inutiles , pour ne nous occuper que de ce qui nous eft propre , & à être toujours contents de notre condition.

Enfin rien n'égale la pureté de cette doctrine : celle de *Platon* eft peut-être la feule qu'on puiffe lui comparer. Ce qu'il y a de plus admirable , c'eft que les actions de MARC AURELE répondoient à fes préceptes. Quoique jouiffant du pouvoir fuprême , & quoiqu'il n'eût de compte à rendre à perfonne de fa conduite , il étoit fi modefte , qu'il n'entreprenoit jamais rien ni dans la guerre ni dans la paix , fans confulter non seulement ses Conseillers ordinaires, mais les personnes les plus éclairées & de la ville & de la cour. Il disoit, parcequ'il le croyoit, que la force des Etats consiste dans le conseil des sages; & il répétoit souvent: *Il est bien plus juste que je suive le conseil de tant de grands personnages, qui sont tous mes amis, qu'il ne l'est que tant de grands personnages suivent les miens.* Il prétendoit que l'homme n'est pas moins libre, quand il se rend aux conseils des autres, que quand il demeure ferme dans son opinion, & que ce changement est un pur effet de son jugement & de son esprit.

Religieux observateur de sa parole, il condamnoit hautement cette politique qui veut qu'un Prince prudent & habile ne soit pas obligé de la tenir quand elle blesse ses intérêts. Et pour la rendre plus odieuse aux Princes, il fit cette belle maxime: *Garde-toi bien d'estimer comme utile une chose qui te forcera un jour à manquer de foi.*

De si beaux sentiments lui acquirent l'admiration de ses sujets, lesquels voulurent la lui témoigner par les hommages les plus flatteurs: c'étoit de lui élever des temples & des autels. Mais persuadé

qu'il dépend de la vertu feule d'égaler
les Princes aux Dieux , & non des fuf-
frages & des flatteries des peuples ,
Marc Aurèle dédaigna ces honneurs ,
& refufa ces titres ambitieux qui diftin-
guoient les autres Souverains dans le
gouvernement des peuples , quoiqu'ils
euffent infiniment moins de fageffe &
de triomphes que notre Philofophe.

Pendant qu'il étoit occupé à rendre
fon peuple heureux , les Marcomans
qui avoient abufé de fa bonté pour le
tromper , avoient foulevé contre lui un
peuple innombrable , afin de lui déclarer une guerre cruelle. Tous les Romains
ne doutèrent point de leur perte. L'Empereur lui-même fut effrayé de leurs
marches. La pefte avoit dépeuplé fes
armées , & fes finances étoient épuifées
par les dernières guerres. Cependant ,
fans fe décourager , il fe prépara à faire
tête à l'orage.

Prémiérement il fit marcher les gladiateurs , les bandits & les efclaves. En
fecond lieu il rétablit fes finances en
vendant les meubles de l'Empire. Avec
ces fecours il s'avança vers l'ennemi qui
l'attendoit en bon ordre. Il crut d'abord
l'avoir mis en déroute ; ce fut une erreur

de sa part , car cette déroute étoit volontaire , & elle n'avoit eu pour but que
de le faire donner dans un piege où il
eût péri infailliblement sans une espece
de miracle.

Il se trouva renfermé avec son armée
entre des montagnes où la chaleur ar-
dente qu'il y éprouva , & le manque
d'eau auroient fait périr lui & toutes ses
troupes , si une pluie abondante ne fût
venue tempérer cette chaleur & les dé-
saltérer. Il semble qu'il n'y a là rien que
de naturel : mais ce qu'on trouva de mi-
raculeux , c'est que les ennemis n'eurent
point de part à cette faveur du ciel. Suivant ce qu'on nous apprend de cet événement , il paroît que cette pluie fut
l'effet d'un véritable orage , que le tonnerre se fit entendre , & que le hasard
voulut que le feu du ciel tombât sur les
ennemis.

Cela me paroît assez vraisemblable.
Cependant il se peut que cette faveur
du ciel ait été accordée » à la priere des
» soldats Chrétiens qui étoient en l'ar-
» mée romaine , lesquels la lui deman-
» derent à genoux » , comme le veulent
Eusebe , *S. Grégoire* de Nysse , & *M.*
Lenain de Tillemont. Car qui est-ce qui

doute de l'effet des prieres adreſſées à Dieu par des perſonnes qui lui ſont agréables ?

Quoi qu'il en ſoit, à peine ſorti de ce danger, l'Empereur fut expoſé à un autre auſſi imminent. *Caſſius*, Gouverneur de Syrie, ſe révolta. Le bruit s'étant répandu que MARC AURELE étoit dangereuſement malade, il crut que c'étoit le moment favorable de ſe faire déclarer Empereur. Notre Prince Philoſophe ſe diſpoſoit à l'aller attaquer, lorſqu'un Centenier lui apporta ſa tête : il ne voulut pas la voir : il fit même brûler les lettres du rebelle, afin de n'être pas obligé de punir ceux qui avoient eu part à la conſpiration ; & il étoit fâché qu'on l'eût tué, parcequ'on l'avoit privé, diſoit-il, du plaiſir qu'il auroit eu de pardonner à un homme qui l'avoit offenſé.

C'étoit pouſſer loin l'indulgence : mais perſonne ne fit voir plus de modération que lui, & il avoit cette même vertu dans ſa maiſon envers ſon épouſe, ſes enfants & ſes Officiers. Lorſque ſes amis lui repréſentoient que *Fauſtine* méritoit par ſon libertinage qu'il la répudiât, il répondoit : *Mais ſi je la répudie, il faudra lui rendre sa dot.* C'étoit l'Empire qu'elle avoit procuré à son époux comme fille d'*Antonin.*

Après ces heureuses expéditions, l'Empereur s'achemina vers Rome. Il y fut reçu avec des témoignages de joie extraordinaires Le peuple eut encore sujet de bénir son arrivée par les libéralités qu'il en reçut. Le Prince donna à chaque particulier huit pieces d'or, lui remit ce qu'il devoit au tréfor public, & fit brûler au milieu de la place tous ses billets.

Il voulut ensuite que son fils *Commode* eût part à sa générosité. Il le fit Prince de la Jeunesse, l'associa à l'Empire, le nomma Consul pour l'année suivante; & pour honorer son consulat, il suivit à pied son char aux jeux du Cirque.

Enfin il crut pouvoir penser à lui-même en se procurant quelque repos. Il se retira à Lavinium dans les bras de la Philosophie, qu'il appelloit *sa mere,* en l'opposant à la cour qu'il nommoit *sa marâtre:* mais il ne goûta pas long temps les douceurs de la paix.

Au bout de deux ans de tranquillité, les Scythes & les peuples du Nord reprirent les armes, & attaquerent ses

Lieutenants. Cela l'obligea à se préparer
à partir. Ce départ, quoique nécessaire,
affligea les Romains. Comme il étoit
affoibli & caffé, ils craignirent qu'il ne
revînt point de cette campagne. Ils s'af-
semblerent devant le palais pour le prier
de leur donner des préceptes de conduite, afin que s'ils avoient le malheur
de le perdre, ils puffent avec ce secours
marcher dans le chemin de la vertu où
il les avoit fait entrer par son exemple.

Touché de ces bonnes dispositions,
MARC AURELE paffa trois jours entiers
à leur expliquer les plus grandes difficultés de la morale, & à leur donner
des maximes courtes pour régler toutes
leurs actions.

Il partit ensuite avec son fils *Commode*, & battit les troupes en arrivant.
L'armée le proclama alors *Imperator*
pour la dixieme fois. Ce Prince donna
plusieurs combats très sanglants où la
victoire fut toujours due à sa prudence
& à sa valeur. Mais comme il alloit ouvrir une troisieme campagne, il fut attaqué à Vienne en Autriche d'une maladie
qui l'emporta en peu de jours.

Il vit sans pâlir le terme de sa vie, &
il ne regretta de la perdre que par atta-

chement pour son peuple. Il craignoit
que ses ennemis ne profitassent de la
jeunesse & du peu d'expérience de son
fils, pour effacer la honte de leurs dé-
faites. Dans cette pensée il fit assembler
autour de son lit son fils, ses amis, & ses
principaux Officiers, & s'étant mis sur
son séant, il leur parla en ces termes :

La douleur que vous témoignez de me
voir dans l'état où je suis, ne me surprend
point. La compassion est naturelle aux
hommes, & les maux qu'ils voient eux-
mêmes l'augmentent toujours. Mais je suis
persuadé que ces larmes que je vois couler,
partent pour moi d'une autre source ; & les
sentiments que j'ai pour vous, me font rai-
sonnablement attendre une amitié récipro-
que. Voici le temps favorable qui va nous
donner lieu, à moi de connoître si j'ai bien
placé l'estime & la considération que j'ai tou-
jours eue pour vous, & à vous de me témoi-
gner votre reconnoissance.... Vous voyez
devant vos yeux mon fils que vous avez élevé
vous-mêmes, & qui venant d'entrer dans
l'âge de l'adolescence comme dans une
mer orageuse, a besoin de sages gouver-
neurs, de peur qu'emporté par ses passions,
comme par des vents impétueux, il n'aille
se jetter dans les vices.

Au lieu donc d'un pere qu'il va perdre, faites qu'il en retrouve plusieurs en vous. Ayez soin de sa jeunesse ; donnez-lui les conseils dont il a besoin : représentez-lui que ni toutes les richesses du monde ne sont suffisantes pour remplir le luxe des tyrans, ni les gardes qui veillent autour de leurs palais, ne sont capables de les défendre contre la haine des peuples. Faites-lui remarquer qu'on ne voit de regnes longs & tranquilles que des Princes qui, au lieu d'exciter la haine par leurs cruautés & par leurs violences, ont au contraire par leur douceur fait naître l'amour dans le cœur de leurs sujets. Dites-lui sans cesse que ce ne sont jamais ceux qui servent par contrainte, mais ceux qui obéissent volontairement, qui demeurent fideles dans toutes sortes d'épreuves, & qui ne peuvent être soupçonnés en aucune rencontre de flatterie & de dissimulation. Qu'il sache que voilà les seuls qui ne tombent jamais dans la désobéissance, à moins qu'ils ne soient forcés par de mauvais traitemens. Mais en même temps ne vous lassez point de lui mettre devant les yeux combien il est difficile & nécessaire, dans un pouvoir absolu, de modérer ses desirs & de leur donner des bornes.

Marc Aurele ne vécut qu'un jour

& une nuit après avoir fait ce beau discours. Peu de temps avant que de mourir, il fit venir son fils seul, & le renvoya aussi-tôt, de peur qu'il ne gagnât
son mal. Puis s'étant couvert la tête
comme pour dormir, il expira durant la
nuit, âgé de 59 ans, après avoir regné
9 ans avec *Verus*, & 10 ans seul.

La nouvelle de sa mort fit répandre
des larmes ameres à son armée & à toute
l'Italie. Jamais on n'a vu un si grand
deuil, & jamais Rome n'avoit été dans
une pareille consternation. Le Sénat &
le peuple l'adorerent avant même que ses
funérailles fussent achevées. Ils lui éleverent une statue d'or dans le lieu où le
Sénat s'assembloit, lui décernerent tous
les honneurs divins, & déclarerent sa-
crileges tous ceux qui n'auroient pas
dans leur maison, selon leur fortune,
ou un portrait, ou une statue de ce
grand homme.

Morale de *MARC AURELE.*

Toutes choses sont liées entre elles,
& il n'y en a presque point qui soient
étrangeres l'une à l'autre ; car tout est
ordonné & arrangé ensemble, & con-

tribue à composer ce monde. Il n'y a
qu'un monde qui comprend tout, qu'un
Dieu qui est par-tout, qu'une matiere,
qu'une raison commune à tous les hommes, qu'une vérité & qu'une perfection (1) pour tous les animaux de même
espece, & qui participent à la même
raison. Le monde est, ou un arrangement, ou une confusion & un désordre :
c'est pourtant toujours le monde ; & les
choses les plus contraires y sont dans
une entiere correspondance, & dans
une parfaite union. Il seroit insensé de

____

(1) Cette proposition me paroît très claire. Un discours
est vrai ou ne l'est pas. Il l'est s'il est conforme à ce qui est ;
& s'il n'y répond pas, il n'est pas vrai. On ne peut pas dire
qu'une chose soit presque vraie, car elle l'est ou elle ne l'est
pas : il n'y a point de milieu. Il n'y a donc qu'une vérité.
Cela est évident. Pourquoi donc M. *Dacier* a-t-il conclu de
la proposition de MARC AURELE, » que les vérités philo-
» sophiques ne sont donc point vérités quand elles ne sont
» pas conformes aux vérités théologiques, & que Dieu
» nous a enseignées dans sa parole » ? Qu'est ce que cela
signifie ?

De même qu'il n'y a qu'une vérité, il n'y a qu'une perfection ; parceque s'il manque quelque chose à une chose
pour être parfaite, elle ne l'est plus. On ne peut pas dire
qu'une chose est plus parfaite qu'une autre. Cependant
M. *Dacier* a cru que cette proposition méritoit d'être
éclaircie. » Si nous ne sommes parfaits, dit-il, comme
» notre Pere est parfait, toutes nos perfections ne sont
» que des vices ». Voilà une remarque bien inutile, &
qui ne répond guere au texte. Il est étonnant qu'un homme
aussi éclairé que M. *Dacier* n'ait pas mieux saisi la pensée
de MARC AURELE.

dire qu'il y a un certain ordre & une certaine disposition en nous , & qu'il n'y a que désordre & que confusion dans cette vaste machine dont nous faisons partie.

Un esprit divin gouverne tout & remplit tout. Ainsi ce n'est pas seulement l'air que nous respirons , c'est aussi cet esprit , cette vertu intelligente qui n'est pas moins répandue dans l'espace que l'air qui vient rafraîchir nos poumons. Au reste la cause premiere de toutes choses est un torrent qui emporte tout & ne s'arrête jamais.

La matiere de l'univers est obéissante & souple , & l'esprit qui la gouverne n'a aucune cause qui le porte à mal faire : aussi ne fait-il aucun mal. Il fait ce qu'il fait , & pourquoi il le fait. C'est lui qui produit & qui consomme toutes choses. C'est de lui que dépend ce que nous appellons les biens & les maux , comme la vie , la mort , l'honneur , le déshonneur , la douleur & le plaisir , la pauvreté & les richesses , qui ne sont cependant ni de véritables maux , ni de véritables biens , car toutes ces choses arrivent également aux bons comme aux mauvais , & il seroit absurde de penser que Dieu permet que les biens & les

maux arrivent indifféremment & fans
diftinction aux uns & aux autres.

Ce feroit encore une fauffe penfée
que celle qui nous porteroit à croire que
Dieu qui a réglé & ordonné tout fi fa-
gement, & avec tant d'amour pour
l'homme, ait pourtant fait cette faute
que les plus gens de bien, qui, ayant
paffé toute leur vie dans l'exercice des
bonnes œuvres, des prieres & des facrifices, ont été comme les amis de Dieu;
que ces hommes vertueux, dis-je,
lorfqu'ils font morts, ne reviennent plus
à la vie, & font éteints pour toujours.
Dieu eft fouverainement bon & fouverainement jufte: il n'a donc rien oublié
de ce qui eft jufte & raifonnable dans la
difpofition & dans l'arrangement de l'u-
nivers.

Dieu a fait ce qu'il y avoit de mieux à
faire, car il eft impoffible d'imaginer un
Dieu fans fageffe. Or quelle raifon au-
roit-il de nous faire du mal? Et que lui
en reviendroit-il, ou à cet univers,
dont il a tant de foin? S'il n'a pas toujours confulté ce qui regarde le particulier, il a confulté ce qui regarde le général. Tout ce qui arrive à chacun eft
utile à l'univers, & cela fuffit. Il y a plus:

ce qui eſt utile à un homme eſt utile à
tous les autres hommes. Rien n'arrive
qui ne ſoit une ſuite de la loi générale
qui eſt établie.

Toutes les choſes qui arrivent dans le
monde ſont unies & liées avec ce qui
les a précédées. Elles ont entre elles
une liaiſon raiſonnable ; & comme dans
tout ce qui ſe fait il y a un arrangement
& une union qui lie toutes ſes parties,
de même dans tout ce qui ſe fait on ne
trouve pas une ſucceſſion ſimple & nue,
mais une liaiſon merveilleuſe & un rapport admirable.

L'Eſprit de cet univers eſt un eſprit de
ſociété. Il aime l'ordre & la raiſon. Il a
fait les choſes les moins parfaites pour
les plus parfaites, & il a lié & ajuſté les
plus parfaites les unes avec les autres.
Voilà pourquoi tous les Etres qui ont
quelque choſe de commun entre eux,
tâchent de ſe joindre. Voilà pourquoi
on voit parmi les animaux des eſſaims,
des troupeaux, des petites familles, &c.
Les hommes ſont les ſeules créatures qui
ont oublié cette affection réciproque.

O homme ! honore ce qui eſt de plus
excellent dans le monde : c'eſt ce qui
ſert à tout & qui gouverne tout.

Honore auſſi ce qui eſt de plus excellent
en toi : il eſt de même nature que le
premier. Vis avec Dieu, en ſoumettant
ton ame à ſes ordres, de maniere qu'elle
ſoit toujours prête à faire ce que ton génie te preſcrit, car ton génie n'eſt autre
choſe que l'entendement & la raiſon.

Les propriétés de l'ame de l'homme
font qu'elle ſe voit elle même, qu'elle
ſe compoſe elle-même, qu'elle ſe rend
telle qu'elle veut, qu'elle jouit des
fruits qu'elle porte, qu'elle parvient
toujours à ſa fin entiere & parfaite,
quelque bornée qu'elle ſoit en ſa vie.
De plus l'ame parcourt tout cet univers :
elle ſe promene dans les eſpaces im-
menſes qui l'environnent : elle pénetre
& conçoit la régénération périodique
des choſes. Elle voit clairement que ceux
qui viendront après nous n'ont rien vu
de nouveau, comme ceux qui nous ont
précédés n'ont vu que ce que nous
voyons. Un homme qui a vécu quarante
années, quelque peu d'eſprit qu'il ait,
a vu tout ce qui a été avant lui, & tout
ce qui ſera après.

Les autres propriétés de l'ame ſont
l'amour du prochain & de la vérité, la
pudeur & l'eſtime d'elle-même : ce qui

est aussi le propre de la loi. Ainsi la droite raison est la même que la raison de la souveraine justice.

Malgré cela, qu'est-ce que l'homme ? Tout le temps de sa vie n'est qu'un point. La matiere dont il est composé, n'est qu'un changement continuel. Ses sens sont émoussés & incertains : son corps n'est qu'une corruption, l'esprit qui l'a-nime, qu'un vent subtil ; sa fortune qu'une nuit obscure, & sa réputation qu'un fantôme. Pour tout dire en un mot, ce qui appartient au corps a la rapidité d'un fleuve, & ce qui est de l'es-prit est une fumée & un songe. L'homme voyage ici comme dans une terre étran-gere. Qu'est-ce donc qui peut le conduire heureusement dans une route si diffi-cile ? C'est la philosophie.

Elle consiste cette philosophie à con-server son ame entiere & pure, tou-jours maîtresse de la volupté & de la douleur ; à ne permettre jamais qu'elle fasse rien témérairement, ni qu'elle use de dissimulation, ni qu'elle s'éloigne de la vérité ; à faire en sorte qu'elle se suffise à elle-même, qu'elle reçoive tout ce qui lui arrive comme venant du même lieu d'où elle est sortie, & qu'elle attende

toujours la mort avec un esprit tranquille, sachant bien que cette mort n'e
autre chose que la diffolution des éléments dont chaque animal eft compofé.

Voulez-vous être heureux? faite
en forte que la partie principale de votre ame foit infenfible aux mouvement
de la chair, de quelque nature qu'il
puiffent être; qu'elle ne fe mêle poin
avec le corps, mais que fe renferman
en elle même, elle empêche les paffion
de paffer les limites des parties où elle
regnent. Ayez toujours ces maxime
devant les yeux.

1°. Faites pour l'utilité des hommes
tout ce que demande la condition de
Légiflateur & de Roi.

2°. Changez de réfolution toutes les
fois que des gens habiles vous donneront
des confeils, pourvu que ce changement
fe faffe par des motifs de juftice & d'u-
tilité publique, & jamais pour votre
propre plaifir, pour votre intérêt &
pour votre gloire particuliere.

3°. N'ayez point de honte d'implorer
le fecours d'autrui; & s'il s'agit de faire
votre devoir, exécutez l'ordre comme
un foldat qui monte à l'affaut.

4°.

4°. Ecoutez avec attention ce qu'on dit, & tâchez de pénétrer jusqu'au fond les choses qui arrivent, & leurs causes.

5°. Dans les discours soyez attentif à ce que vous dites, & dans les actions, à ce que vous faites.

6°. Tâchez de vous accoutumer aux choses auxquelles vous êtes le plus propre. L'habitude vous les rendra aisées & faciles.

7°. Regardez ce que les choses sont en elles mêmes, en considérant séparément leur matiere, leur forme & leur fin.

8°. Allez toujours par le plus court chemin : c'est celui qui est selon la nature, & il est selon la nature de dire & de faire ce qui est le plus juste & le plus droit. Cette disposition vous épargnera mille peines & mille combats, & vous délivrera de tous les tourments secrets que causent immanquablement la dissimulation & le faste.

9°. Entrez dans l'esprit de tout le monde, & permettez à tout le monde d'entrer dans le vôtre.

10°. Ayez toujours devant les yeux quelque homme qui ait été véritablement vertueux.

En pratiquant ces maximes, on jouira d'une félicité permanente, autant que la félicité dépend de la tranquillité de l'esprit. Il est très possible d'être en même temps un homme *divin* & un homme inconnu à tout le monde. Le bonheur de cette vie dépend de très peu de chose. Le plaisir de l'homme consiste à faire ce qui est propre à l'homme : or le propre de l'homme c'est d'aimer son semblable, de mépriser ses passions, de juger de la vérité & de la probité de ses opinions, de considérer la nature universelle & tout ce qu'elle produit.

C'est être parfaitement honnête homme & avoir fait un voyage très heureux, que de sortir de la vie sans avoir connu ni le mensonge, ni l'hypocrisie, ni le luxe, ni l'orgueil. Après ce premier degré de bonheur, le plus grand ensuite c'est d'en sortir las, dégoûté de ses vices, & sans souhaiter d'y croupir. La corruption de l'esprit est une corruption bien plus dangereuse & plus mortelle que la corruption & l'intempérie de l'air que nous respirons. Celle-ci est la mort des animaux en tant qu'animaux, & l'autre est la mort des hommes en tant qu'hommes.

Tout ce que nous voyons périra
promptement. Ceux qui le verront périr, périront bientôt eux-mêmes; & celui
qui est mort dans une extrême vieillesse,
sera bientôt égal à celui qui est mort
fort jeune. La vie des hommes est comme
la moisson d'un champ : pendant qu'on
moissonne les épis qui sont mûrs, les
autres mûrissent. Quand nous aurions
à vivre trois mille ans & trente mille
ans encore par-dessus, nous ne perdrions
d'autre vie que celle que nous avons,
& nous n'avons que celle que nous devons perdre. Celui qui vit le plus long-
temps & celui qui meurt fort jeune,
font tous deux la même perte, car ils
ne perdent que le temps présent, qui est
le seul dont ils jouissent.

La mort est la fin du combat que nos
sens nous livrent. C'est le repos de tous
les mouvements contraires; c'est la cessation du travail d'esprit & du soin qu'on
a du corps.

Ne méprisons donc point la mort :
contentons-nous de la recevoir de bon
cœur comme une des choses que la nature a ordonnées ; car il n'est pas moins
naturel de mourir, que d'être jeune ou
vieux, d'avoir des dents, de la barbe

& des cheveux, & de fournir aux autres
opérations de la nature, selon les différentes saisons de la vie.

Enfin il est du devoir d'un homme
sage & prudent de ne point faire le téméraire, d'être modéré, & de ne témoigner aucun mépris quand il s'agit de
la mort, mais de l'attendre comme une
des fonctions de la nature.

CONFUCIUS.

M.^{le} Cl. Reydellet del.

Benard

CONFUCIUS *.

J'AI toujours été étonné de ce que les Historiens de la Philosophie n'ont point parlé de CONFUCIUS dans leurs ouvrages. C'est pourtant un des Sages les plus célebres de l'antiquité. Aucun Philosophe n'a eu autant de Disciples que lui. Les Chinois l'appellent *le grand Maître*, *l'illustre Roi des Lettres*, *le possesseur d'une sagesse extraordinaire*. Ces titres pompeux font peut-être plus l'éloge des Chinois que celui de CONFUCIUS ; car quelque estimable que soit cet homme de mérite, il n'est point encore comparable aux grands Moralistes de la Grece ; mais il est toujours digne de figurer avec eux, & les Chinois font iouables d'avoir de lui une idée avantageuse.

---

* *Philosophorum Sinensium Principis Confucii Vita*, à la tête de l'exposition de sa doctrine publiée en latin par plusieurs Jésuites sous ce titre : *Confucius Sinarum Philosophus, sive Scientia Sinensis latinè exposita, studio & operâ Prosperi Intorcetta*, Christiani Herdtrich, Francisci Rougemont, Philippi Couplet, *Patrum Societatis Jesu. La Vie de Confucius* dans le troisieme tome des *Vies des plus illustres Philosophes de l'antiquité*, qui a été ajoutée aux deux de *Diogene de Laërce*, par le dernier Editeur de l'ouvrage de cet ancien Historien de la Philosophie, &c. &c.

Ce qui a pu le faire oublier des Hiſtoriens , c'eſt que ſes découvertes ne ſont point liées avec celles des autres Philoſophes , & par conſéquent ne font point corps avec elles. La chaîne des connoiſſances humaines eſt ainſi rompue , & on a préféré l'avantage d'en ſuivre le fil à celui de faire connoître un ſage inconnu des autres ſages dont on a écrit l'hiſtoire. Il eſt certain que l'intérêt eſt le mérite eſſentiel d'un ouvrage , & qu'on ne doit jamais le perdre de vue , parceque ce n'eſt que par-là qu'on peut attacher avec fruit le lecteur. Voilà pourquoi je n'ai pas placé CONFUCIUS dans ſon rang , ſuivant l'ordre chronologique. Mais après avoir achevé l'hiſtoire des Moraliſtes Grecs & Romains , je crois devoir écrire celle du Moraliſte Chinois , afin de ne point oublier aucun Philoſophe célebre dans cette hiſtoire des Philoſophes anciens.

C'eſt ſans doute une choſe bien étrange que CONFUCIUS ait été contemporain des Sages de la Grece ſans les avoir connus, & qu'il ait joui dans une partie conſidérable du monde de la plus grande célébrité , ſans que ces Sages aient entendu parler de lui. Ils avoient cependant entrepris de grands voyages pour rechercher les perſonnes les plus éclairées de l'univers, & profiter de leurs lumieres : mais leurs plus longues navigations dans la mer des Indes ſe bornoient au golfe de Bengale, & ils ne s'engagerent jamais dans le détroit de Malaca. De ſon côté CONFUCIUS habitoit un pays qui ſe ſuffiſoit à lui-même : c'étoit la Chine, & les Chinois n'alloient rien chercher chez leurs voiſins. Ainſi les Grecs ne purent connoître la Chine que d'une maniere très confuſe, par des rapports vagues que leur en faiſoient les Scythes qui commerçoient ſur leurs frontieres.

Ce ne fut que vers la fin du treizieme ſiecle que *Marc Pol*, qui avoit accompagné l'Empereur Tartare, fils de *Gengis-Kan*, à la Chine qu'il avoit conquiſe, raconta ce qu'il avoit vu dans ce pays. Cela parut incroyable, & on regarda ſa relation comme l'ouvrage d'un homme qui veut jouir du privilege de ceux qui viennent de loin. L'on ne commença à ajouter foi à ſes récits, que lorſqu'ils ſe trouverent confirmés par ceux des navigateurs & des Miſſionnaires Portugais & Eſpagnols, qui pénétrerent dans ce pays vers le milieu du seizieme siecle (1).

Si les Philosophes d'Athènes & celui de la Chine avoient pu se réunir, ils auroient fait réciproquement plus de progrès dans la morale ; car la communication des idées est d'un grand secours pour étendre la sphere des connoissances humaines. Les Grecs y auroient sur-tout beaucoup gagné, parceque les Chinois cultivoient les sciences long-temps avant eux. L'origine de leur littérature se perd dans l'antiquité la plus reculée. Ils ont un livre d'Odes, qui est un recueil d'anciennes poésies rimées, composées par les premiers Souverains de leur Empire, & rassemblées par Con-Fucius, & un *livre des Mutations* ou *des Productions* de *Fo hi*, fondateur de la monarchie chinoise, qui est regardé avec raison comme un monument précieux de la plus ancienne Philosophie, car ce Prince regnoit l'an 3331 avant l'Ere chrétienne. Cet ouvrage est cependant inintelligible. Le Roi *Vou-vang*, & le Prince *Tcheou kon*, son fils, l'ont

---

(1) *Histoire de l'Académie Royale des Inscriptions & Belles-Lettres*, Tome V, page 514 & suiv.

commenté , & Confucius même a
ajouté un nouveau commentaire à celui
de ces Princes six cents ans après eux.
Malgré leurs éclaircissements , ce livre
est regardé comme une espece de gri-
moire , dont les lettrés du plus bas étage
se servent pour prédire l'avenir par de
certaines combinaisons cabalistiques ,
assez semblables à notre géomancie.

Il y a lieu de croire que si les Philosophes Grecs s'étoient aidés de celui de
la Chine dans leurs travaux , il en eût
résulté plus de lumieres , parcequ'ils auroient profité de la littérature chinoise.
Confucius y a vraisemblablement pui-
sé sa belle morale.

M. *Freret* prétend que le premier
Philosophe de la Chine s'appelloit *Lao-
kioune* , & qu'il a écrit plusieurs ouvrages qui contiennent d'assez bonnes
maximes de morale. Ce Savant s'étoit
fort appliqué à la Médecine , à la Chy-
mie , & à la Physique. Ses Disciples ,
que l'on nommoit *Fiene-izé* , ou *Docteurs
célestes* , cultivoient ces connoissances ,
& se rendirent célebres par leur moyen.
Ils vinrent même à bout de persuader la
possibilité de la médecine universelle ,
& celle d'un remede qui rend les hommes

immortels. Ils croyoient, comme leur maître, que l'univers est gouverné, de même que l'Empire de la Chine, par un Dieu corporel qui habite dans le ciel, qu'ils nommoient *Chan-ti*, c'est à-dire *Roi d'en haut*, & que sous ce Roi il y avoit un grand nombre d'êtres intelligents, avec un pouvoir moins étendu, mais cependant indépendant du sien.

Toute cette doctrine n'étoit rendue que par des expressions figurées, qui ne présentoient que des allégories sur les nombres & leurs propriétés. Son Auteur *Lao-kioune* écrivit aussi sur la Providence, & sur la distinction du bien & du mal moral ; mais quoique ce sujet intéressât toutes les personnes éclairées de la Chine, & qu'on l'étudiât par cette raison avec beaucoup de soin, aucune ne put comprendre sa doctrine. Absolument rebuté de son obscurité, on y renonça. Les Philosophes aimerent mieux imaginer des systêmes que de se rompre davantage la tête, & ces systêmes les partagerent en deux sectes.

La premiere, nommée *Ianh*, soutenoit que l'amour propre & l'intérêt personnel devoient être la regle unique de nos actions, & que les loix, l'autorité,

la reconnoiſſance, & tous les autres
devoirs qui forment des engagements
entre les hommes, n'avoient de force
qu'autant qu'ils contribuoient à nous
rendre heureux. Le ſyſtême de la ſeconde ſecte, appellée *Ma*, étoit entiérement oppoſé à celui-là. Cette ſecte
enſeignoit la deſtruction totale de l'a-
mour propre & de l'intérêt perſonnel,
& prêchoit la charité univerſelle, ou
l'amour égal pour tous les hommes, ſans
diſtinction de liaiſon ni d'engagement
d'amitié, de parenté ou de dignité (2).

Tel étoit l'état de la Philoſophie à la
Chine lorſque CONFUCIUS vint au monde. Le premier uſage qu'il fit de l'intelligence dont la nature l'avoit favoriſé,
fut d'examiner ces ſyſtêmes, & il trouva
que leurs Auteurs avoient donné dans
deux extrémités également vicieuſes.
En prenant un juſte milieu, il fit un nouveau ſyſtême de morale, dans lequel il
concilia l'amour propre avec la charité
univerſelle; & cette doctrine eut le plus
grand ſuccès, & eſt encore la regle de la
conduite des Chinois.

______

(2) *Mémoires de l'Académie Royale des Inscriptions*,
tome VI, page 626.

Ce Sage naquit 550 ans avant J. C. M. *Freret* dit que son véritable nom en chinois est *Kon fou-tze* ; mais il n'est connu que par celui de CONFUCIUS. Sa mere étoit d'une naissance illustre ; & son pere, qui avoit occupé les premieres charges de l'Empire de la Chine, descendoit du dernier Empereur de la seconde famille. CONFUCIUS annonça dès sa tendre jeunesse ce qu'il devoit être un jour. A l'âge de quinze ans il se voua absolument à l'étude de la Philosophie. Il lut avec beaucoup d'application les livres des anciens qu'on estimoit le plus : mais ses parents ne lui permirent point de renoncer au monde pour devenir Sage ou Savant.

D'abord ils le marierent : il avoit alors vingt ans. Ensuite ils l'obligerent à exercer la magistrature en différents pays de la Chine. Notre Philosophe fit tout ce que ses parents exigerent de lui. Il s'acquitta de ses devoirs avec exactitude, & ses succès lui firent une grande réputation. Ce n'étoit point là un mérite commun ; car il falloit avoir beaucoup de prudence, de probité & de subtilité d'esprit pour exercer dignement la charge de Juge.

Les Chinois n'aimoient pas les procès. Ils vouloient que les Magistrats fissent tous leurs efforts, ou pour les empêcher de naître, ou pour les étouffer dans leur naissance en accordant les parties, & en leur inspirant l'amour de la paix, afin que tout le monde vécût dans l'union & dans la concorde. A cette fin ils exhortoient les esprits les plus inquiets d'entre eux à n'intenter de procès à personne, parceque, disoient ils, les fraudes, les aigreurs & les inimitiés qui sont la suite des procès, étoient indignes des hommes raisonnables. Cependant comme ils savoient que, malgré cette vérité, il pouvoit y avoir des contestations parmi les citoyens, ils exigeoient des Magistrats les plus grandes précautions dans leur jugement lorsque quelque cause étoit portée devant leurs tribunaux.

Ils devoient examiner avec toute l'attention dont ils étoient capables, l'extérieur de celui qui suscitoit le procès, afin que par ce moyen ils pussent connoître celui qui étoit poussé par de bons motifs, s'il croyoit sa cause bonne, s'il étoit de bonne foi, & ils avoient prescrit cinq regles à suivre pour faire cet examen.

1°. Ils observoient sa maniere de parler, ses expressions & l'arrangement de ses phrases. 2°. Ils considéroient l'air de son visage & le mouvement de ses levres. 3°. Ils prenoient garde à la maniere dont il respiroit lorsqu'il proposoit sa cause. 4°. Ils remarquoient s'il avoit la repartie prompte, s'il ne donnoit pas des réponses mal assurées, incertaines, si ses paroles n'étoient point ambiguës, ou s'il parloit d'autre chose que ce dont il étoit question. 5°. Ils considéroient avec soin ses regards, prenoient garde s'il n'y avoit point de trouble, d'égarement & de confusion, s'il n'y paroissoit pas quelque indice de mensonge & de fraude.

C'est par ces moyens extérieurs que les Magistrats découvroient les sentiments les plus cachés du cœur, & rendoient une justice exacte. Leurs observations exigeoient de leur part beaucoup de pénétration & d'exercice ; & puisque notre Sage mérita les éloges de ses compatriotes dans la fleur de son âge, il faut que l'intelligence eût suppléé en lui à l'expérience. Mais quoique sensible à ces applaudissements, il renonça de bonne heure à la magistrature, parcequ'il jugea qu'il seroit plus utile aux hommes en leur traçant des principes de conduite, pour dissiper les ténebres de l'esprit, bannir les vices, & établir l'intégrité, qu'il assuroit être un présent du ciel.

Il se retira donc en lui-même, & travailla sans délai à un nouveau systême de Philosophie morale. Il composa un livre qu'il intitula *Tchon-yon*, c'est à-dire *le milieu raisonnable*, dans lequel il accorda l'amour propre avec la charité universelle. Il prêcha l'amour universel ou la charité pour tous les hommes. Il n'assujettit personne à aucuns dogmes spéculatifs : il recommanda seulement l'obéissance aux anciennes loix du pays, la soumission & le respect pour les supérieurs, la modestie & même l'humilité avec ses égaux, la tendresse pour ses inférieurs, &c.

Cette doctrine plut à tous les honnêtes gens, qui devinrent ses disciples. Sa maniere de vivre en grossit encore le nombre. Convaincu que les actions & l'exemple persuadoient plus que les discours, il ne recommandoit rien aux autres, soit par écrit ou de vive voix, qu'il ne pratiquât exactement lui-même. Aussi ses disciples avoient pour lui une si grande vénération, qu'ils lui rendoient les mêmes honneurs qu'à leurs Souverains.

Le grand secret pour acquérir la véritable science, leur disoit-il, est de cultiver & de polir sa raison. Comme la concupiscence l'a déréglée, il s'y est mêlé plusieurs impuretés qu'il faut ôter avec soin, afin qu'elle reprenne son premier lustre, & qu'elle ait toute sa perfection. Pour parvenir à ce but, adonnez-vous, ajoute-t-il, à la méditation : raisonnez sur toutes choses en vous-mêmes : tâchez d'en avoir des idées claires : considérez distinctement ce qui se présente à vous : portez-en, sans préjugé, des jugements solides : pesez tout, & examinez tout avec soin.

Le but de cet examen est de faire regarder la médiocrité comme la chose du monde la plus relevée, la plus digne de l'amour des esprits sublimes, comme le seul chemin de la vertu. Car l'homme parfait tient toujours un juste milieu dans toutes ses entreprises ; au lieu que le méchant s'en éloigne toujours. Lorsque la raison lui a montré le milieu qu'il doit tenir, il y conforme ensuite toutes ses actions en tout temps & en tous lieux, dans l'adverſité comme dans la proſpérité : il veille continuellement ſur lui-même, ſur ſes penſées, ſur les mouvements les plus cachés de ſon cœur, afin de ſe régler toujours ſur ce juſte milieu, qu'il ne veut jamais perdre de vue : au lieu que les méchants n'étant retenus ni par la crainte, ni par la pudeur, ni par l'amour de la vertu, leurs paſſions déréglées les portent toujours aux extrémités.

Il eſt vrai que c'eſt une choſe très difficile à connoître que ce milieu. Il y a des gens qui en paſſent les bornes en affectant des vertus extraordinaires : ils veulent que dans leurs actions il y ait toujours du merveilleux, afin que la poſtérité les loue & les exalte : c'eſt une folie. Le ſage ne fait & ne pratique que ce qu'il eſt à propos de ſavoir & de pratiquer par-tout.

Mais ſi le milieu eſt le but de l'homme juſte, il eſt inſenſé d'ambitionner de faire des actions d'éclat. Qu'eſt-ce que la valeur, & que faut-il faire pour mériter le nom de vaillant ? C'eſt la demande que fit à CONFUCIUS un de ſes Diſciples, fort ambitieux : à quoi notre Philoſophe répondit : » Entendez-vous

» parler de la valeur de ceux qui font
» dans le midi, ou de la valeur de ceux
» qui habitent le septentrion, ou bien
» de la valeur de mes disciples qui s'at-
» tachent à la sagesse ? Agir avec dou-
» ceur dans l'éducation des enfants &
» des disciples, avoir de l'indulgence
» pour eux, supporter patiemment leur
» désobéissance & leurs défauts, voilà
» en quoi consiste la valeur des habi-
» tants du midi. Par cette valeur ils sur-
» montent leur tempérament violent,
» & soumettent à la droite raison leurs
» passions, qui font ordinairement vio-
» lentes.

   » Coucher sans crainte dans un camp,
» reposer tranquillement au milieu du
» terrible appareil d'une armée, voir
» devant ses yeux mille morts sans s'ef-
» frayer, ne point s'ennuyer de cette
» vie, s'en faire un plaisir, voilà ce que
» j'appelle la valeur des hommes du sep-
» tentrion. Mais comme d'ordinaire il y
» a en tout cela beaucoup de témérité,
» & que le plus souvent on ne s'y regle
» guere sur ce milieu que tout le monde
» devroit rechercher, ce n'est point
» cette sorte de valeur que je demande
» de mes disciples : voici quel doit être
» leur caractere.

» Un homme parfait (car il n'y a que
» les hommes parfaits qui puiſſent avoir
» une véritable valeur) doit toujours
» être occupé à ſe vaincre lui-même. Il
» doit s'accommoder aux mœurs & à
» l'eſprit des autres ; mais comme il
» doit toujours être maître de ſon cœur
» & de ſes actions, il ne doit jamais ſe
» laiſſer corrompre par la converſation
» ou les exemples des hommes lâches &
» efféminés : il ne doit jamais obéir qu'il
» n'ait examiné auparavant ce qu'on lui
» commande : il ne doit jamis imiter les
» autres ſans diſcernement. Au milieu
» de tant d'inſenſés & de tant d'aveu-
» gles qui marchent à travers champs,
» il doit marcher droit & ne point pen-
» cher vers aucun parti : c'eſt la véri-
» table valeur.

» De plus, ſi ce même homme eſt
» appellé à la magiſtrature dans un
» royaume où la vertu eſt conſidérée,
» & qu'il ne change point de mœurs,
» quelques grands que ſoient les hon-
» neurs où il eſt élevé; s'il y conſerve
» toutes les habitudes qu'il avoit lorſ-
» qu'il n'étoit que particulier ; s'il ne ſe
» laiſſe pas emporter à la vanité & à
» l'orgueil, cet homme eſt véritablement

» vaillant. Que si au contraire il est dans
» un royaume où la vertu & les loix
» soient méprisées , & que dans la con-
» fusion & le désordre qui y regnent , il
» soit lui même pressé de la pauvreté ,
» affligé , réduit même à perdre la vie ;
» mais que cependant au milieu de tant
» de miseres il demeure ferme , il con-
» serve toute l'innocence de ses mœurs
» & ne change jamais de sentiments :
» ah ! que cette valeur est grande !

C'est dans l'ouvrage de CONFUCIUS,
intitulé *le Milieu universel* , que cette
belle morale est exposée. L'Editeur de
cet ouvrage , *Cusu* , petit-fils de l'Auteur, y a ajouté des maximes de sagesse
bien dignes de la doctrine de son maître.
Le sage , dit-il , se conduit selon son état
présent , & ne souhaite rien au delà.
S'il se trouve au milieu des richesses , il
agit comme un homme riche ; mais il ne
s'abandonne pas aux voluptés illicites ;
il évite le luxe , il n'a nul orgueil , & ne
choque personne. S'il est élevé aux dignités de l'Etat, il tient son rang , mais il
ne traite jamais ses inférieurs avec sévé-
rité ; & s'il se voit au-dessous des autres ,
il est humble : il ne sort jamais du respect qu'il doit à ses supérieurs , mais il

n'achete jamais leurs faveurs par des lâchetés & des flatteries. Dans l'affliction & dans les fouffrances, il ne brave pas fiérement fon deftin, mais il a de la fermeté & du courage, & rien ne fauroit ébranler fa conftance. C'eft par là qu'il jouit d'une tranquillité qu'on peut comparer au fommet de ces montagnes qui font plus élevées que les régions où fe forment les foudres & les tempêtes.

Il y a dans le *M lieu univerfel* un livre qui a pour titre : *Entretiens de plufieurs perfonnes qui raifonnent & qui philofophent enfemble.* CONFUCIUS y paroît donnant des leçons à fes difciples. Que penfez-vous d'un homme pauvre, lui dit l'un d'eux, qui, pouvant foulager fa pauvreté par la flatterie, refufe de prendre ce parti & foutient hardiment qu'il n'y a que les lâches qui flattent ? Que penfez-vous d'un homme riche, qui, tout riche qu'il eft, eft fans orgueil ? » Je dis, répond CONFUCIUS, » qu'ils font tous deux dignes de louan» ges, mais qu'il ne faut pourtant pas » les regarder comme s'ils étoient par» venus au plus haut degré de la vertu. » Celui qui eft pauvre doit être joyeux » & content au milieu de fon indigence,

» & celui qui est riche doit faire du bien
» à tout le monde.

Ce Philosophe louoit beaucoup ceux
de ses disciples qui, au milieu de la
plus grande pauvreté, étoient contents
de leur destinée, & comptoient pour
de grandes richesses les vertus naturelles
qu'ils avoient reçues du ciel. Il déclamoit contre l'orgueil, contre l'amour
propre, contre l'indiscrétion, contre
la ridicule vanité de ceux qui affectent
de vouloir être maîtres par-tout, contre
ces hommes remplis d'eux-mêmes, qui
prônent à tous moments leurs actions,
& sur tout contre les hypocrites, qu'il
comparoit à ces scélérats qui, pour
mieux cacher leurs desseins aux yeux
des hommes, paroissent sages & mo-
destes pendant le jour, & qui, à la faveur de la nuit, volent les maisons &
exercent les plus infames brigandages.

CONFUCIUS avoit l'ame tendre,
mais grande & élevée. Etant dans le
royaume de Cuci, il se trouva un jour
avec un Préfet qui avoit une grande autorité dans ce royaume. Ce Ministre,
enflé de l'éclat de sa fortune, ayant cru
que le Philosophe avoit dessein d'obtenir
quelque faveur du Roi, lui demanda

par maniere de raillerie, ce que signi-
fioit ce proverbe, qui étoit dans la
bouche de tout le peuple : *Il vaut mieux*
rechercher la protection de Cao *que celle de*
Ngao. *Cao* & *Ngao* étoient les noms de
deux Génies. Celui-là étoit supérieur à
l'autre ; mais le peuple rendoit de plus
grands honneurs au second.

Notre Philosophe voyant bien que par
cette question le Préfet vouloit lui faire
comprendre qu'il devoit s'adresser à lui
s'il avoit envie d'obtenir ce qu'il desiroit
du Roi son maître, lui répondit qu'il
étoit entiérement éloigné des maximes
du siecle, qu'il ne s'adresseroit point
à lui, quoiqu'il parût le demander.
Et pour lui montrer en même temps
que quand il répondroit à sa question,
il n'en pourroit tirer aucun avantage,
il lui dit que *celui qui avoit péché contre le*
ciel ne s'adressoit qu'au ciel, car à qui
pourroit-il s'adresser pour obtenir le pardon
de son crime, puisqu'il n'y a aucune Di-
vinité qui soit au-dessus du ciel ?

Un des grands desseins de ce Philosophe étoit de former les Princes à la
vertu, & de leur enseigner l'art de regner heureusement. Il ne craignoit point
de s'adresser directement à eux pour

leur donner des avis. Un Prince, diſoit-
il un jour à un Roi de Lu, appellé *Fi-
mum*, doit être modéré ; il ne doit mé-
priſer aucun de ſes ſujets, & doit ré-
compenſer ceux qui le méritent. Il eſt ſi
néceſſaire, ajoutoit-t-il, qu'un Prince
ſoit vertueux, que lorſqu'il ne l'eſt pas,
un ſujet eſt obligé par les loix divines
de s'exiler volontairement, & d'aller
chercher une autre patrie. Son ſentiment
étoit qu'un Roi avoit aſſez de ſujets,
lorſque ces ſujets étoient contents, &
qu'un royaume étoit aſſez riche lorſque
la paix & la concorde y regnoient.

Pour maintenir cette paix, il ne ceſ-
ſoit de prêcher la douceur & la ſimpli-
cité. Ennemi déclaré du faſte, il blâmoit le luxe, & ſon zele ſe portoit à cet
égard juſqu'à la ſépulture des morts. Il
vouloit qu'un enterrement ſe fît reli-
gieuſement & ſans pompe. Un de ſes
diſciples étant mort, fut enſeveli avec
la magnificence ordinaire. Dès qu'il le
ſut, il s'écria : *Lorſque mon diſciple vivoit, il me regardoit comme ſon pere, & je
le regardois comme mon fils ; mais aujour-
d'hui le puis-je regarder comme mon fils?
il a été enſeveli comme les autres hommes.*
Il avoit le cœur ſi bon, qu'il pleura ce
diſciple,

difciple, quoiqu'il défendît de s'affliger trop de la mort de fes amis, parceque le fage ne doit pas, felon lui, fe laiffer furmonter par la douleur.

Mais ce qui l'affectoit le plus, c'étoit le défordre des Princes, & il eut grande raifon de fe chagriner de ce défordre à la fin de fes jours. Quelque foin qu'il eût pris pour faire aimer la vertu aux Princes, des femmes fans mœurs avoient abufé de l'afcendant qu'elles avoient fur l'efprit du Roi fous lequel CONFUCIUS vivoit, pour étouffer en lui tous les fentiments de modération & d'équité. La débauche la plus diffolue regnoit dans fa cour. Ce fpectacle affligeant fit verfer des larmes à notre Sage. Il déploroit ces excès avec une grande amertume d'efprit, & il s'écrioit de temps en temps : *O grande montagne* (c'étoit fa doctrine qu'il appelloit ainfi), *qu'es-tu devenue! Cette importante machine a été renverfée. Hélas! il n'y a plus de Sages!* Cette réflexion l'affligea fi fort, qu'il en tomba malade. Un ferrement de cœur extraordinaire & une langueur mortelle minerent peu à peu fes jours. Il vit approcher le terme de fa vie, & il déclara à fes difciples que fa fin étoit proche.

Après leur avoir témoigné le déplaisir qu'il avoit de voir que les Rois, dont la bonne conduite étoit si nécessaire & d'une si grande conséquence pour la félicité des hommes, étoient si dérangés, il s'écria douloureusement : *Puisque les choses vont ainsi, il ne me reste plus qu'à mourir.* Il n'eut pas plutôt proféré ces dernieres paroles, qu'il tomba dans une léthargie qui le mit au tombeau.

Sa mort causa à ses disciples une affliction inexprimable. Ils le pleurerent amèrement, prirent des habits lugubres, & leur abattement fut si grand, qu'ils négligerent le soin de leur nourriture & de leur vie. Ils furent tous dans le deuil & dans les larmes pendant un an entier : quelques-uns porterent ce deuil trois ans ; & il y en eut même un qui, touché plus que tous les autres de la perte de son maître, demeura pendant six ans à l'endroit où il avoit été enseveli.

Ce fut au royaume de Lu, sa patrie, qu'il mourut âgé de 73 ans, & on l'enterra dans l'Académie où il enseignoit communément sa doctrine. On prétend que ce lieu est encore entouré de murailles.

CONFUCIUS étoit grave & modeste

tout enfemble. Il étoit gai, poli, doux, affable, jufte; & une certaine férénité qui paroiffoit fur fon vifage, dit l'Auteur François de fa vie, lui gagnoit les cœurs, & lui attiroit le refpect de tout le monde. Il parloit peu, méditoit beaucoup, & étudioit fans ceffe fans fatiguer fon efprit. Il méprifoit les honneurs & les richeffes : il ne faifoit cas que du mérite : toute fon ambition étoit de faire goûter fa doctrine, laquelle avoit pour objet l'amour de la vertu. Son zele étoit fi grand à cet égard, qu'il fe blâmoit fouvent de n'être pas affez affidu à enfeigner. Mais ce qui lui concilioit fur-tout ce grand nombre de difciples qui le fuivoient par-tout, c'étoit fon humilité. Non feulement il parloit de lui avec une extrême modeftie, mais il difoit à fes auditeurs qu'il ne ceffoit point d'apprendre, & que la doctrine qu'il enfeignoit n'étoit pas la fienne, que c'étoit celle des anciens. Il ne defiroit que de rendre les hommes heureux en les inftruifant, & ne fe comptoit pour rien dans ce glorieux emploi.

Les ouvrages de ce Philofophe furent canonifés par fes difciples, fuivant l'ex-

pression de M. *Freret* : mais sa doctrine
fut combattue par quelques Philosophes
qui lui préféroient les systêmes des deux
sectes dont j'ai parlé ci devant. Elle
trouva des zélés défenseurs, qui, pour
avoir mis trop de chaleur dans leurs réponses, exciterent des disputes qui troublerent la paix de l'Empire. Les choses
allerent même si loin, que l'Empereur
Chi-hoan-ti, qui regnoit vers l'an 230
avant J. C. fatigué de ces discours, &
faisant d'ailleurs peu de cas des sciences,
entreprit de faire brûler tous les livres
qui ne traitoient ni de Médecine, ni
d'Astrologie, ni de Divination. Comme
le papier n'avoit pas été encore inventé,
& que l'on écrivoit, ou plutôt que l'on
peignoit sur des tablettes de bois, les
livres étoient difficiles à cacher : aussi
en sauva-t-on fort peu.

Les Philosophes allerent se réfugier
dans des pays inconnus, & les gens de
Lettres qui resterent, furent forcés de
prendre la truelle pour travailler à la
construction de cette fameuse muraille
que l'Empereur faisoit bâtir pour mettre
la Chine à couvert de l'invasion des
Tartares.

Cependant la perfécution ceffa avec le regne de la famille de ce Prince , qui, n'ayant pas mieux traité fes fujets que les Philofophes , mérita le nom odieux de tyran.

Vene-ti , qui monta fur le trône 53 ans après ce Prince , s'attacha à réparer les défordres qu'il avoit caufés , & fit rechercher tous les livres échappés à la perfécution. L'invention du papier ayant été heureufement trouvée fous fon regne , il en profita pour les multi-plier L'Empereur *Vou-ti* , fon fuccef-feur , fe fit une gloire de marcher fur fes traces. Sous fon regne , les fciences fleurirent encore avec plus de fuccès. Il ordonna qu'on mit en ordre tous les ou-vrages de CONFUCIUS & de fes difci-ples , y fit joindre des commentaires , & en répandit des copies par tout le royaume.

Tout le monde admira la beauté de la doctrine qui y étoit contenue , & pref-que en même temps on la déclara au-thentique dans le royaume ; de forte qu'il fut réfolu que perfonne ne pourroit poffèder aucune charge qu'il n'en eût fait une étude particuliere , & qu'il n'eût rendu compte de cette étude dans un examen folemnel (1).

La doctrine de notre Philofophe devint ainfi celle de l'Etat. On voit aujourd'hui dans toutes les villes de la Chine des colleges magnifiques qu'on a bâtis en fon honneur avec ces infcriptions : *Au grand Maître , Au Saint , A l'illuftre Roi des Lettres.* » Et quoiqu'il y ait deux » mille ans que ce Philofophe a vécu , » dit l'Auteur de fa vie , on a une fi » grande vénération pour fa mémoire , » que les Magiftrats ne paffent jamais » devant ces colleges qu'ils ne faffent » arrêter les chaifes fuperbes où ils font » portés par diftinction ; ils en defcen-» dent , & après s'être profternés quel-» ques moments , ils continuent leur » chemin en faifant quelques pas à pied. » Il n'y a pas jufqu'aux Rois & aux Em-» pereurs qui ne fe faffent honneur quel-» quefois de vifiter eux-mêmes ces édi-» fices où font gravés les titres de ce » Philofophe, & de le faire même d'une » maniere éclatante. Voici les paroles

____

(1) *Mémoires de l'Académie des Infcriptions & Belles-Lettres* , Tome V , page 617.

» remarquables de l'Empereur *Yumlo*,
» qui a été le troifieme Empereur de la
» précédente famille appellée *Mim* ; il
» les prononça un jour qu'il fe difpofoit
» à aller à un de ces colleges dont nous
» avons déja parlé : *Je vénere le Précep-*
» *teur des Rois & des Empereurs. Les Em-*
» *pereurs & les Rois font les Seigneurs &*
» *les maîtres des peuples , mais* CONFU-
» CIUS *a propofé les véritables moyens de*
» *conduire ces mêmes peuples & les fiecles*
» *à venir. Il eft donc à propos que j'aille au*
» *grand college, & que j'offre des préfens*
» *à ce grand Maître qui n'eft plus , afin*
» *que je faffe connoître combien j'honore*
» *les Lettrés , & combien j'eftime leur*
» *doctrine.*

Tout ce récit eft fi important, que je
me fuis fait un devoir de le tranfcrire
pour lui conferver fa valeur. Il eft toujours beau de voir l'hommage que les
Princes de la Chine rendent aux fciences
& à ceux qui les cultivent. Aucun peuple n'a eu plus de zele pour le progrès
des fciences que les Chinois. Celui qu'ils
avoient pour le progrès particulier de
l'Aftronomie, a été même fi loin , que
fous l'Empereur *Tchon-kang* , 2157 ans
avant J. C. deux Aftronomes qui avoient

foin du tribunal des Mathématiques,
furent punis de mort pour n'avoir point
prédit l'éclipfe qui devoit arriver, &
parceque par leur négligence à fupputer
& à obferver les mouvements des aftres,
ils avoient troublé l'ordre du calendrier.
On fait qu'aujourd'hui à la Chine il n'y
a que les gens de Lettres qui foient élevés à la magiftrature & à toutes les
charges de l'Etat : auffi y voit on regner
une paix perpétuelle & une félicité permanente ; fruit heureux de la fageffe &
du favoir (1).

Morale de CONFUCIUS.

Faites à autrui ce que vous voulez
qu'il vous foit fait. Vous n'avez pas befoin d'autre loi ; elle eft le fondement
& le principe de toutes les loix. La lumiere naturelle n'eft qu'une conformité
perpétuelle de notre ame avec les loix
divines. Ces loix prefcrivent à un Roi
l'exercice de la juftice envers fes fujets,
l'amour réciproque entre le pere & les
enfants, la foi conjugale aux maris &

____

(1) Voyez la *Defcription de la Chine* par le P. *Du Halde*,
Tome I.

aux femmes, la fubordination entre les vieux & les jeunes, l'union & la concorde entre les citoyens. Voilà les regles que tout le monde doit obferver ; voilà comme cinq chemins publics par lefquels les hommes doivent paffer.

Mais pour obferver ces regles, il faut avoir ces trois vertus ; la *prudence*, qui fait difcerner ce qui eft bon d'avec ce qui eft mauvais ; l'*amour univerfel*, qui nous fait aimer tous les hommes ; & la *fermeté*, qui eft néceffaire pour perfévérer conftamment dans l'attachement au bien & dans l'averfion pour le mal.

Celui qui perfécute un homme de bien, fait la guerre au ciel. Le ciel a créé la vertu, & il la protege ; celui qui la perfécute, perfécute le ciel. Mais ce n'eft pas affez de connoître la vertu, il faut l'aimer ; & ce n'eft pas encore affez de l'aimer, il faut la poff.éder. Il eft vrai que le chemin qui y conduit eft long ; mais il ne tient qu'à nous d'achever cette longue carriere.

A cette fin, 1°. Préférez la pauvreté & l'exil aux charges les plus éminentes, lorfque c'eft un méchant qui vous les offre & qui veut vous contraindre à les accepter. 2°. Ne vous affligez point de ce que vous n'êtes pas élevé aux grandeurs & aux dignités publiques. 3°. Vivez sans convoitise & sans envie si vous voulez aspirer à tout. 4°. Ne vous liez jamais avec un homme qui ne sera pas plus homme de bien que vous. 5°. Reconnoissez les bienfaits par d'autres bienfaits, & ne vous vengez jamais des injures. 6°. Ne souhaitez point la mort de votre ennemi, vous la souhaiteriez en vain ; sa vie est entre les mains de Dieu. 7°. Ne faites rien qui soit malséant, quand même vous auriez assez d'adresse pour faire approuver ce que vous faites. 8°. Evitez la vanité & l'orgueil. 9°. Enfin jeûnez quelquefois pour vaquer à la méditation & à l'étude de la vertu.

Le sage doit s'occuper d'autres soins que des soins continuels de sa nourriture ; il doit apprendre à connoître le cœur de l'homme, afin qu'agissant envers chaque homme suivant son penchant, il ne travaille pas en vain lorsqu'il lui parlera de la vertu. Il faut une longue expérience pour connoître le cœur des hommes. Leur bouche est rarement d'accord avec leur cœur. Il faut écouter ce qu'ils disent ; mais n'ajoutez foi qu'à leurs actions.

Le sage n'a pas plutôt jetté les yeux sur un homme de bien, qu'il tâche d'imiter ses vertus; mais ce même sage n'a pas plutôt tourné sa vue sur un homme livré à ses crimes, que se défiant de lui-même, il se demande comme en tremblant s'il n'est pas semblable à cet homme. L'homme de bien n'est occupé que de sa vertu; le méchant ne l'est que de ses richesses. Le premier pense continuellement au bien de l'Etat; le dernier ne pense qu'à ce qui le touche. Il n'y a que l'homme de bien qui puisse faire un bon choix, qui puisse ou aimer ou haïr avec raison. Lorsqu'il s'applique à la vertu, il s'y applique fortement; il ne commet jamais rien d'indigne de l'homme, ni de contraire à la droite raison.

Les richesses & les honneurs sont des biens, & le desir de les posséder est naturel à tous les hommes; mais si ces biens ne s'accordent pas avec la vertu, l'homme de bien les méprise & y renonce généreusement. Au contraire, la pauvreté & l'ignominie sont des maux; l'homme les fuit naturellement, mais le sage les souffre s'il ne peut les éviter que par le crime.

Cependant l'homme de bien peche

quelquefois , parceque la foiblesse lui
est naturelle ; mais il faut qu'il veille si
bien sur lui , qu'il ne tombe jamais deux
fois dans le même crime. Il ne doit jamais rien faire sans conseil ; & lorsque
les conseils qu'on lui donne sont bons ,
il ne doit pas regarder d'où ils viennent.
Il agit fort mal s'il se hâte en ses études
& en ses paroles. Parler peu & être peu
éloquent , voilà son partage , car l'é-
loquence ne peut être utile au sage.
Enfin il doit avoir trois sortes d'amis, un
ami sincere , un ami fidele , un ami qui
écoute tout , qui examine tout ce qu'on
lui dit , & qui parle peu : par la même
raison , il est de son devoir d'écarter un
ami hypocrite , un ami flatteur , & un
ami qui parle beaucoup.

Ce ne sont pas là les seuls ennemis
qui pourroient troubler la félicité d'un
homme de bien : le sage en a trois autres
à combattre aussi dangereux : c'est l'in-
continence lorsqu'il est encore dans la
vigueur de son âge, & que son sang
bout dans ses veines ; les contestations
& les disputes lorsqu'il est parvenu à un
âge mûr, & l'avarice quand il est vieux.
Il y a aussi trois choses que le sage doit
révérer , les loix divines , les grands

hommes, & les paroles des gens de bien.

Le sage goûte une infinité de plaisirs ; car la vertu a ses douceurs au milieu des duretés qui l'environnent : aussi rien n'est au-dessus de la sagesse, & rien aussi n'est plus difficile à acquérir. Celui qui dans ses études se donne tout entier au travail & à l'exercice, & qui néglige la méditation, perd son temps ; mais aussi celui qui s'applique tout entier à la méditation & qui néglige le travail & l'exercice, ne peut que s'égarer & se perdre. Le premier ne saura jamais rien d'exact ; ses lumieres seront toujours mêlées de ténebres & de doutes : & le dernier ne poursuivra que des ombres ; sa science ne sera jamais sure ; elle ne sera jamais solide. Travaillez, mais ne négligez pas la méditation. Méditez, mais ne négligez pas le travail.

En faisant ainsi tous ses efforts pour acquérir la vertu, on l'acquerra enfin. Il n'y a point d'homme qui n'ait pour cela des forces suffisantes. Celui qui le matin a écouté la voix de la raison, peut mourir le soir. Il ne se repentira point d'avoir vécu, & la mort ne lui fera aucune peine.

Fin de l'Histoire des Moralistes & des Législateurs.

M.lle A. Reydellet del.   Reydellet Sc.

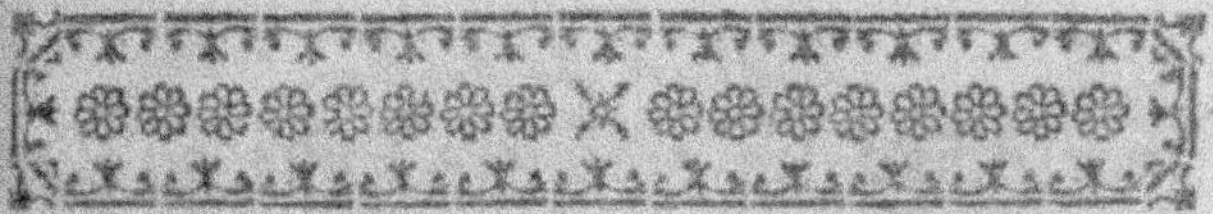

HISTOIRE

DES
ANCIENS PHILOSOPHES.

MATHÉMATICIENS, PHYSICIENS,
ET NATURALISTES.

THALÈS (*).

On ne peut douter que les Chaldéens & les Egyptiens n'aient défriché le vaste champ des sciences exactes & des sciences naturelles ; que ces sciences n'aient germé entre leurs mains, & qu'on ne

(*) *Les Vies des plus illustres Philosophes de l'antiquité*, par *Diogene de Laërce*, Tome I. *Dictionnaire de Bayle*, art. *Thalès. Recherches sur le Philosophe Thalès & sur Anaximandre*, par M. l'Abbé *Canaye*, dans le Tome X des *Mémoires de l'Académie Royale des Inscriptions. Stanleii Historia Philosophiæ*, Part. 1. *Jac. Bruckeri Histor. crit. Philos.* Tome I. *Dict.* de Chaulepié, art. *Anaximenes, Anaximandre*, &c. &c.

leur doive les premiers fruits qu'elles ont portés ; mais on ne fait que cela. C'eſt THALÈS qui nous a fait connoître leurs découvertes en nous rendant compte des ſiennes : auſſi le met-on à la tête des Mathématiciens & des Phyſiciens qui ont paru depuis le commenment du monde.

Ce Philoſophe naquit 641 ans avant *Jeſus-Chriſt*, à Milet, dans la Carie. *Diogene de Laërce* dit que ſon pere s'appelloit *Examius*, & ſa mere *Cleobule*, & il cite *Herodote* pour ſon garant ; mais *Herodote* n'en parle pas. Ce qu'il y a de certain, c'eſt que ſes parents étoient plus illuſtres par la dignité de leurs ſentiments que par l'éclat de leur origine. Ses ancêtres avoient quitté les grands établiſſements qu'ils avoient dans la Phénicie, parcequ'ils ne vouloient point participer aux cruautés que des tyrans odieux y exerçoient.

La conſidération qu'ils s'étoient acquiſe par-là leur procura un accueil diſtingué à Milet, & bientôt ils y tinrent un rang conſidérable. Le jeune THALÈS fut d'abord deſtiné aux premieres charges du gouvernement. On lui enſeigna les loix du pays, & il ſeconda ſi bien

ceux qui préfidoient à fon éducation ,
qu'il y fit en peu de temps des progrès
confidérables. Il eft vrai que la nature
l'avoit favorifé du plus heureux génie :
il concevoit avec une facilité admirable
les chofes les plus abftraires.

En étudiant les loix , il reconnut que
celles que fuivoient les Ioniens étoient
infuffifantes. Il voulut fuppléer à ce défaut. Dans cette vue il forma un plan de
gouvernement , dans lequel il concilia
les intérêts des villes particulieres avec
la liberté de toute la nation. C'étoit le
grand problême que les Légiflateurs de
ce pays n'avoient pu réfoudre , & dont
la folution étoit néanmoins abfolument
néceffaire pour la félicité de ces peuples.
Si l'on en croit *Diogene de Laërce* , il ne
rendit pas un fervice moins important à
ceux de Milet , en confeillant aux Mi-
léfiens de ne point s'allier avec *Crefus* ,
Roi de Lydie ; mais cet Hiftorien s'eft
trompé , car felon la chronologie d'*A-
pollodore* , notre Philofophe eft mort
quatre ans avant le regne de *Crefus*.
THALÈS eft affez grand par les belles
chofes qu'il a faites , fans lui en attribuer
qu'on peut lui contefter.

D'ailleurs , quoique bon citoyen , il

ne vaqua aux affaires de l'Etat qu'autant
que son travail lui étoit néceffaire ; mais
lorfqu'il vit qu'il y avoit des perfonnes
en place en état de le gouverner , il fui-
vit le penchant qu'il avoit d'étudier la
nature. Il fe regardoit comme citoyen
du monde , & en cette qualité il defiroit
connoître fon pays & celui qui l'avoit
créé.

Il fe livra donc à une étude profonde
de Dieu & de l'univers , dans une retraite impénétrable au tumulte , mais
toujours ouverte à ceux que l'amour de
la vérité ou le befoin de fes confeils y
amenoit : il n'en fortoit guere que pour
prendre quelquefois un repas frugal
chez *Trafibule* , fon ami , qui devint
dans la fuite Roi de Milet.

Ce fut dans cette efpece de fanctuaire
que notre Philofophe acquit ces connoiffances & cette vertu qui lui méri-
terent le titre de fage. Cependant les
acquifitions qu'il fit dans fa folitude ne
firent que l'exciter à de nouvelles recherches ; & comme il ne pouvoit trouver dans fa patrie les fecours qui lui
étoient néceffaires pour étendre fes connoiffances , il prit le parti de s'aller inftruire chez les étrangers.

Il étoit alors âgé de près de 50 ans, & il avoit déja fait des progrès d'autant plus étonnants dans la Géométrie & dans l'Astronomie, qu'il ne les devoit qu'à lui-même. Ces sciences étoient absolument ignorées dans son pays : on disoit bien que les Egyptiens en avoient découvert les principes ; mais on ne savoit ni chez lui, ni même dans toute la Grece, en quoi consistoient leurs découvertes. Par sa grande sagacité & son application, THALÈS trouva le moyen de mesurer la hauteur d'un corps élevé, comme d'une muraille, & de calculer une éclipse : ce qui prouve que ce Philosophe savoit déja beaucoup lorsqu'il sortit de son pays.

Il alla en Egypte pour voir les Prêtres de Memphis qui cultivoient avec un soin extrême les sciences que leurs ancêtres avoient inventées. *Plutarque* dit qu'il apprit sous ces grands maîtres la Géométrie & l'Astronomie : c'est une erreur ; il falloit dire qu'il fit un échange de ses connoissances avec celles de ces Prêtres ; car si ceux-ci lui firent part de leurs connoissances, THALÈS de son côté leur enseigna & la maniere de mesurer exactement la hauteur de ces grandes pyra-

mides qui exiſtent encore , & vraiſem-
blablement celle auſſi de calculer une
éclipſe. Ce fut en comparant l'ombre de
ces pyramides à midi avec celle d'un
corps exactement connu & meſuré ,
qu'il en détermina la hauteur. Cet arti-
fice parut très ingénieux aux Prêtres de
Memphis , & *Proclus* aſſure qu'il conduiſit à la découverte de cette propoſition qui eſt la quatrieme du ſixieme livre
d'*Euclide* : les triangles équiangles , ou
qui ont leurs angles égaux , ont leurs
côtés proportionnels : ce qui eſt fort
probable.

L'Egypte étoit alors gouvernée par
un Prince qui aimoit beaucoup les ſciences , parcequ'il étoit lui-même très inſtruit ; il ſe nommoit *Amaſis*. Il voulut
voir THALÈS , & il lui dònna des marques publiques de ſon eſtime ; mais ce
Philoſophe ne plut point à la cour de ce
Prince. Les grands talents ne vont point
avec les ſoupleſſes , ſuivant la juſte remarque de M. l'Abbé *Canaye* , & ceux
qui ſont nés pour mériter des graces , ne
ſont pas faits pour les demander. THA-
LÈS étoit habile Géometre , grand Aſtro-
nome , & ſavant Phyſicien ; mais il étoit
mauvais courtiſan. Ardent ami de la

vérité & de la justice, il déclamoit librement contre l'imposture & la tyrannie. Cela déplut à *Amasis*, qui le regarda comme un homme dont il devoit se défier. Il ne lui fit plus le même accueil ; & comme notre Philosophe s'embarrassa fort peu de se justifier, cette froideur fut suivie d'une disgrace entiere. THALÈS quitta & la cour & l'Egypte, & revint à Milet faire part à ses compatriotes de ses sciences philosophiques.

La partie des Mathématiques qu'il avoit le plus cultivée avec les Prêtres de Memphis, c'étoit l'Astronomie. Cette science avoit beaucoup d'attraits pour lui ; &, arrivé dans sa patrie, il se hâta d'en reprendre l'étude.

On sait que cette science est fondée sur la Géométrie, parcequ'on ne peut fixer la position des astres & leur cours qu'en connoissant la courbe qu'ils décrivent : or la Géométrie renferme cette connoissance. THALÈS réunit d'abord les découvertes qu'il y avoit faites, & travailla à en ajouter d'autres qui le missent en état de mesurer parfaitement le ciel. Vraisemblablement celles qu'il fit les propriétés de quelques triangles rectilignes, précéderent la théorie des triangles sphériques qu'il découvrit ; parceque la marche de l'esprit humain est d'aller du simple au composé.

Nous devons donc supposer qu'il trouva premiérement la propriété du triangle qui a deux côtés égaux , & qu'on nomme *isoscele*, laquelle consiste à avoir ses angles sur la base égaux ; qu'il connut ensuite cette vérité : *si deux lignes droites se coupent , les angles opposés par la pointe sont égaux ;* & après celle-là , celle-ci : *les triangles qui ont leurs angles égaux ont leurs côtés proportionnels ;* & *tous les triangles qui ont pour base* ~~la circonférence~~ le Diametre *du cercle , & dont l'angle au sommet touche la circonférence , ont cet angle droit.*

Tous les Historiens de la Philosophie nous apprennent que cette derniere découverte lui fit tant de plaisir , qu'il en remercia les Muses par un sacrifice , & ils nous assurent en même temps que ce grand homme fit d'autres découvertes de cette espece qu'ils ne nous ont point indiquées : sans doute qu'ils les ont ignorées , car il n'est pas probable qu'ils nous eussent laissés en si beau chemin. Par celles qu'ils nous ont transmises , on doit juger de l'importance des autres.

De la doctrine des triangles rectilignes, THALÈS passa à celle des triangles sphériques, & il trouva plusieurs
propriétés de ces triangles dont il se
hâta de faire usage pour étendre ses connoissances en Astronomie. Il partagea
d'abord le ciel par cinq cercles paralleles,
ce qui forma les cinq zones ; démontra
la cause des phases de la Lune ; exposa
la véritable cause des éclipses du Soleil ;
enseigna que la terre est ronde ; mesura
le diametre apparent du Soleil qu'il estima la sept cent vingtieme partie de son
orbite, estimation assez exacte ; distri-
bua en jours & en parties de jour le
temps que le Soleil emploie à parcourir
l'intervalle qui sépare les deux solstices ;
évalua en degrés & en portions de degré l'arc du grand cercle compris entre
ces deux points, & enfin apprit aux
navigateurs à préférer, pour se conduire, la petite ourse à la grande, parceque, quoique moins sensible, elle in-
dique plus surement le vrai Nord.

On nous vante beaucoup le savoir des
Chaldéens & des Egyptiens en Géométrie & en Astronomie ; mais il paroît que
leur plus grand mérite est d'avoir cultivé
les premiers ces sciences, car THALÈS

en a jetté les premiers fondements,
comme l'on vient de le voir. Les progrès
qu'il y a faits sont même si considérables,
qu'on est étonné que ce soit l'ouvrage
d'un seul homme. Ce puissant génie en
est presque le créateur & le pere, & il
a découvert plus de vérités en ce genre
que tous les Géometres & les Astronomes qui l'ont précédé, & ceux qui
lui ont succédé jusqu'à *Archimede* ; je
n'en excepte point le grand *Aristote*.

Cependant notre Philosophe ne se
borna pas à l'étude de la Géométrie &
de l'Astronomie : la Physique & la Métaphysique furent aussi l'objet de ses
méditations. On convient généralement
que sur ces sciences il devoit beaucoup
aux Egyptiens ; mais il voulut réduire
leurs opinions sous une forme systéma-
tique, & il fit une doctrine qu'adopterent
toutes les personnes éclairées de l'Ionie.
THALÈS devint ainsi le fondateur d'une
secte composée principalement d'Astronomes, de Physiciens & de gens qui
s'adonnoient toute leur vie à la recherche des choses naturelles. C'est la premiere secte philosophique qui a paru
dans le monde, & qu'on appelle Secte
Ionique.

Ce

Ce qui fit connoître sur-tout notre Philosophe de ses concitoyens, ce fut l'accomplissement de sa prédiction ; car ce qui a l'air du merveilleux attire plus l'attention du peuple que les plus belles vérités. Avant son départ pour l'Egypte, THALÈS avoit annoncé aux Ioniens le jour & l'heure d'une éclipse totale. Cette éclipse arriva comme il l'avoit prédit, & cela dans une circonstance qui la rendit plus remarquable. Il y avoit alors un combat opiniâtre entre les Lydiens & les Medes. La disparition de la lumiere du Soleil par le passage de la Lune sur son disque, épouvanta si fort les deux nations, qu'elles mirent bas les armes, & ne voulurent plus se battre. On se souvint dans ce moment de la prédiction de notre Philosophe, & on doubla dès-lors les sentiments de vénération & d'estime qu'on avoit pour lui.

On accourut donc de toutes les provinces de l'Ionie à la patrie de THALÈS pour le voir & pour l'entendre. Le nombre de ses disciples devint très considérable. Après leur avoir enseigné sa Géométrie & son Astronomie, notre Philosophe leur expliqua ce qu'il pensoit sur la nature de Dieu & sur celle des Etres.

Tome IV. K

Dieu, leur dit-il, est la plus ancienne de toutes les choses, car il est incréé ; & le monde est la plus belle de toutes les choses, car il est l'ouvrage de Dieu : il est animé & peuplé de démons & de génies : ce sont des Etres invisibles qui veillent sans cesse à la conduite des hommes : ils connoissent leurs plus secretes pensées, & les excitent à faire leurs devoirs. Malheur à ceux qui sont sourds à leurs inspirations, parceque la punition suit tôt au tard leur endurcissement au mal.

Voilà ce que *Diogene de Laërce* & *Cicéron* nous apprennent de la Métaphysique & de la Morale de THALÈS : *Plutarque* y fait quelques changements. Il ne suppose point que notre Philosophe a allégué la raison qu'on vient de voir, pourquoi le monde est la plus belle de toutes les choses : il soutient qu'il s'expliqua là-dessus au sujet de cette question qu'on lui fit, savoir : quel est le plus beau de tous les Etres ? *Le monde*, répondit THALÈS, selon *Plutarque ; car tout ce qui est dans l'ordre est une partie du monde* (1).

---

(1) *Quid pulcherrimum ? Mundus. Omnes enim ejus partes ordine aptæ sunt.* Plut. in Conviv. septemor Sapientium.

Mais cette réponfe n'eft point du tout digne de notre Philofophe, parcequ'elle ne fatifait point à la queftion.

En effet, foutenir que le monde eft le plus beau de tous les Etres, c'eft dire que tous les Etres font les plus beaux de tous les Etres, puifque le monde les comprend tous. Pour qu'une chofe foit plus belle qu'une autre, il faut pouvoir la comparer à une autre chofe ; or le monde n'a point d'objet de comparaifon. Quand on demande quel eft le plus beau de tous les Etres, on parle des Etres dont le monde eft compofé ; & pour répondre à cette queftion, il s'agit de nommer l'Etre qui l'emporte fur tous les autres Etres : en quoi confifte la folution du problême.

Après avoir expofé fon fentiment fur la nature de Dieu & fur celle du monde, THALÈS expliqua à fes difciples fon fyf-tême de Phyfique. Ce fyftême confifte à admettre l'eau pour le principe de tous les Etres. Cela eft difficile à concevoir. Comment l'eau peut-elle changer d'é-tat ? comment fe revêt-elle des formes particulieres d'air, de feu, de bois ? &c. Eft-ce par raréfaction ou par con-denfation ? Et cette puiffance de fe raré-

fier ou de se condenser est-elle essentielle ou intrinseque à l'eau ? L'em-
prunte-t-elle d'un être qui la modifie à
son gré ? Notre Philosophe ne répond
point à ces questions : il dit seulement
que l'eau considérée en elle-même, &
avant la formation particuliere de tous
les corps, est actuellement eau dans
chacune de ses parties, mais qu'elle est
capable néanmoins de devenir air, feu,
terre, & puis arbre, métal, sang, vin,
os, &c. suivant les différents degrés de
raréfaction ou de condensation par où
elle passe ; & assurément cette explication n'est point du tout satisfaisante.

Il est bien étonnant qu'un homme aussi
éclairé que THALÈS se soit contenté
d'une idée si vague : cela ne s'accorde
guere avec ses découvertes en Géométrie & en Astronomie, qui font le fruit
d'une si grande capacité. Il faut croire
que les Mémoires ont manqué à la bonne
volonté des Historiens, & penser que
le développement de son systême de
Physique s'est perdu. Il ne nous reste de
ses recherches sur l'étude de la nature
que son explication du débordement du
Nil. Il croyoit que les débordements de
ce fleuve étoient occasionnés par des

vents contraires qui revenoient tous les
ans , & faisoient remonter les eaux.

Notre Philosophe ne s'étoit pas seulement rendu recommandable par ses connoissances scientifiques ; ses sentences
& ses préceptes avoient encore beaucoup contribué à sa célébrité. Il disoit
que l'espace est la plus grande de toutes
les choses , parcequ'il renferme tout ;
l'esprit la plus prompte , parcequ'il parcourt l'univers entier dans un instant ; la
nécessité la plus forte , n'y ayant rien
dont elle ne vienne à bout ; & le temps
la plus sage, parcequ'il découvre tout ce
qui est caché.

Quelqu'un l'ayant prié de s'expliquer
sur ce qu'il y a de plus difficile , de plus
aisé & de plus doux dans le monde , il
répondit : De se connoître soi même ,
de donner conseil , & d'obtenir ce qu'on
souhaite. Il en donnoit pourtant lui-
même des conseils , mais c'étoient des
conseils généraux qui intéressoient tout
le monde , & qui ne pouvoient désobliger
personne. Le moyen de bien régler sa
conduite , disoit-il à ses disciples , est
d'éviter ce que nous blâmons dans les
autres. N'amassez pas des biens par de
mauvaises voies , ajoutoit-il ; ne vous

laiſſez point exciter par des diſcours
contre ceux qui ont eu part à votre confiance , & attendez-vous à recevoir de
vos enfants la pareille de ce que vous
aurez fait envers vos peres & meres :
ayez toujours pour les amis les mêmes
égards , ſoit qu'ils ſoient préſents ou ab-
ſents ; & ſachez que la vraie beauté ne
conſiſte point à s'orner le viſage , mais à
enrichir l'ame de ſcience : celui-là peut
être appellé heureux qui jouit de la ſanté
du corps , qui poſſede un bien honnête ,
& dont l'eſprit n'eſt ni émouſſé par la
pareſſe , ni abruti par l'ivrognerie : enfia
connoiſſez vous vous-mêmes , & ſouve-
nez-vous que la félicité du corps conſiſte dans la ſanté, & celle de l'eſprit dans
le ſavoir.

Ce ſage ſoutenoit qu'un flux de paroles n'eſt point une marque d'eſprit , &
que la choſe la plus rare c'étoit un vieux
tyran.

Ces diſcours & ces ſentences ache-
verent de lui concilier l'eſtime univerſelle de toute la Grece. On le mit au petit nombre des Sages qu'on y comptoit ,
& pluſieurs Hiſtoriens le placent même à
la tête de ces Sages : ce qu'il y a de certain , c'eſt qu'on lui envoya d'abord le

trépied d'or que l'oracle avoit destiné au plus Sage de la Grece, & que les Athéniens adjugerent ensuite à *Bias* à la priere de deux filles qu'il avoit dotées(1).

On a écrit que THALÈS a été marié, & qu'il eut de sa femme, dont on ignore le nom, un fils qu'il appella *Cybissus*; mais ceux qui ont écrit cela se sont surement trompés, car on ne peut révoquer en doute sa conversation avec *Solon* sur le mariage, dans laquelle il se déclara formellement pour le célibat qu'il a constamment gardé toute sa vie (2).

Ce Sage étoit ainsi parvenu à l'âge de 78 ans; mais étant allé aux jeux de la lutte, la chaleur du jour, la soif & les infirmités de la vieillesse lui causerent tout d'un coup la mort. On mit son corps dans un petit champ, & on écrivit cette épitaphe sur sa tombe: *Autant que le sépulcre de THALÈS est petit ici bas, autant la gloire de ce Prince des Astronomes est grande dans la région étoilée.*

Le mot *Prince* ne signifie pas ici le plus grand, mais le premier des Astronomes:

____

(1) *Voyez* l'Histoire de *Bias* dans le Tome I de cette *Histoire des Philosophes anciens.*

(2) *Voyez* l'Histoire de *Solon* dans le Tome I de cette *Histoire.*

puifque THALÈS étoit le feul Sage qui cultivât l'Aſtronomie , il étoit tout à la fois & le plus grand & le moindre. Ses diſciples s'appliquerent bien à l'étude de cette ſcience ; mais ce ne fut que ſous lui & après lui. Cependant ſi telle eſt la ſignification du mot Prince , l'éloge eſt petit , à moins que l'épitaphe n'ait été poſée long-temps après THALÈS , & qu'on n'ait voulu le mettre au-deſſus des autres Aſtronomes qui avoient fleuri depuis lui juſqu'au temps où l'on avoit écrit cette épitaphe.

Quoi qu'il en ſoit , les Miléſiens , quelque temps après , firent de ce champ où étoit le tombeau de THALÈS , une place publique , au milieu de laquelle ils lui éleverent une ſtatue , & ils graverent cette inſcription ſur le piedeſtal : *C'eſt ici* THALÈS *, dans la perſonne duquel Milet l'Ionienne, qui l'a nourri, a produit le plus grand des hommes par ſon ſavoir dans l'Aſtronomie.* M. l'Abbé *Canaye* a remarqué que les Miléſiens l'avoient loué du côté de ſon mérite le plus frappant : oui ſans doute , car les découvertes aſtronomiques ſont plus frappantes que les découvertes géométriques. Mais ce n'étoit pas là ſon plus grand mérite , ſon mérite

le plus éminent. Notre Philosophe étoit
pour le moins aussi habile en Géométrie
qu'il l'étoit en Astronomie ; & les Milé-
siens auroient bien fait de le louer de ce
côté-là.

Il méritoit aussi des éloges par son
grand amour pour l'étude , & par son
attention continuelle à observer les phénomenes de la nature. *Diogene de Laërce*
nous rapporte sur cette attention un
trait qui a été bien relevé par tous les
Historiens de la vie de ce grand homme ,
& qui par cette raison ne doit pas être
oublié ici. Il dit qu'une vieille femme
se moqua plaisamment de lui sur ce
qu'étant sorti de son logis avec elle pour
contempler les astres , il se laissa tomber
dans un fossé. Comment pourriez-vous
connoître ce qui se passe dans le ciel ,
lui dit cette bonne femme , puisque vous
ne voyez pas ce qui est proche de vos
pieds ?

Cette aventure a donné lieu à beaucoup de plaisanteries. *Thomas Morus ,*
Chancelier d'Angleterre , a appliqué le
discours de cette femme à un Astronome
qui avoit une femme coquette. Comment ne vois-tu pas , lui disoit-il , dans
les astres les galanteries de ta femme? On

K 5

a dit ailleurs fur le même fujet : celui qui étoit Aftronome , puifqu'il mefuroit les cieux , eft actuellement Géometre , car il mefure la terre : *Qui fuit Aftrologus , nunc Geometra fuit* (1).

Enfin l'illuftre Fabulifte François (*La Fontaine*) a fait là-deffus une fable fans connoître apparemment le mérite de THALÈS , ou peut être fans avoir eu ce Philofophe en vue , comme on en peut juger par la maniere dont il la termine : voici d'abord la fable en quatre vers :

>> Un Aftrologue un jour fe laiffa choir

>> Au fond d'un puits ; on lui dit : Pauvre bête !

>> Tandis qu'à peine à tes pieds tu peux voir ,

>> Penfes-tu lire au-deffus de ta tête ?

>> Cette aventure en foi , fans aller plus avant ,
>> Peut fervir de leçon pour la plupart des hommes.

Cette leçon a pour but de nous détromper des promeffes de ces Charlatans faifeurs d'horofcopes. L'Auteur reprend enfuite l'hiftoire de THALÈS , ou, pour me fervir de fes termes ,

---

(1) *Menagiana* , Tome I , page 53.

» De ce fpéculateur qui fut contraint de boire.
» Outre la vanité de fon art menfonger,
» C'eft l'image de ceux qui bâillent aux chimeres,
    » Cependant qu'ils font en danger,
    » Soit pour eux, foit pour leurs affaires.

Il faut croire que le fond de cette fable eft une invention de *la Fontaine*, & qu'il a ignoré l'aventure de THALÈS, car on ne doit pas préfumer qu'il ait voulu s'en moquer : mais il étoit bon de rappeller cela dans cette hiftoire, pour l'honneur du Fabulifte & du Philofophe.

THALÈS avoit écrit divers traités en vers fur l'Aftronomie ; mais fes écrits ne font point parvenus jufqu'à nous : ce font fes difciples qui nous ont tranfmis fes découvertes. Il y en avoit beaucoup qui venoient d'autant plus volontiers profiter de fes leçons, qu'elles étoient gratuites : car notre Philofophe, digne héritier des fentiments défintéreffés de fa famille, fe refufa toujours à toutes fortes de gain. On interpréta mal ce défintéreffement, & on crut que s'il étoit pauvre, c'étoit parcequ'il ne favoit pas amaffer du bien. Les gens riches s'imaginent qu'il faut avoir beaucoup d'efprit pour gagner de l'argent, & ils

traitent de fots tous ceux qui n'ont pas
ce talent-là. THALÈS avoit l'ame trop
élevée pour ne pas méprifer ces difcours;
mais afin de faire voir que rien n'étoit
plus aifé que de s'enrichir, ayant prévu
que la récolte des olives feroit abondante, il en acheta une grande quantité,
prit à louage plufieurs preffoirs, & gar-
da foigneufement fon huile : l'année fui-
vante les olives donnerent peu de fruits,
& THALÈS vendit chérement cette huile,
& en retira de groffes fommes dont il fe
débarraffa en faveur des pauvres avec la
même facilité qu'il les avoit acquifes.

L'Auteur François de l'hiftoire critique
de la Philofophie a écrit que notre Philofophe eut parmi fes difciples jufqu'à une
courtifanne ; c'étoit la fameufe *Afpafie*,
» qui fut (dit cet Auteur) prefque une
» autre Hélene par les guerres qu'elle
» caufa. On juge bien que, du métier
» dont elle étoit, il falloit une beauté pri-
» vilégiée, & encore plus d'efprit que
» de beauté, plus de talents peut-être
» que d'efprit, pour tranfmettre fon nom
» à la poftérité. Auffi *Periclès*, le plus
» grand Capitaine de fon fiecle, aima-t-
» il *Afpafie* jufqu'à la fureur, & *Socrate*,
» le plus adroit des Philofophes, recher-

» choit-il paffionnément fa converfa-
» tion (1).

Voilà un anachronifme des plus confidérables qui fe foient commis en chronologie. Comment *Afpafie* a-t-elle pu être
difciple de THALÈS, puifqu'elle a vécu
dans le temps de *Socrate*, comme l'Auteur en convient ? Le premier eft né
641 ans avant J. C. & le fecond 468 ans
avant la même époque ; c'eft 173 ans
de différence. Si *Afpafie* a converfé avec
Socrate, elle n'a pas connu THALÈS : or
il eft certain qu'elle étoit contemporaine
de *Socrate* ; donc elle n'a point étudié
fous notre Philofophe. *Anaximandre* &
Anaximenes ont été véritablement fes
difciples, & les plus célebres d'entre
ceux qu'il a eus.

Le premier étoit fon contemporain &
fon ami, & il devint le chef de l'école
Ionique après fa mort. On dit que fon
pere s'appelloit *Praxiade*, fans nous
apprendre ni la naiffance ni l'état de cet
homme. Nous ne fommes guere mieux
inftruits fur les particularités de fa vie :
feulement *Elien* a écrit qu'il avoit conduit une colonie de Milet à Apollonie ;

____

(1) *Hift. crit. de la Philofoph.* Tom. II. pag. 10.

& *Diogene de Laërce* nous a transmis ce seul mot de lui, qui prouve qu'il avoit plus de simplicité que de saillies d'esprit. Un jour qu'il chantoit, quelques enfants s'étant moqués de lui, il leur dit : *Une autre fois je tâcherai de mieux chanter pour leur plaire.* A l'égard de ses connoissances philosophiques, on s'est attaché à les recueillir avec plus de soin, & voici en quoi elles consistoient.

Selon THALÈS, l'eau est le premier principe de toutes choses : mais *Anaximandre* trouva l'origine commune des éléments trop resserrée dans les bornes étroites d'un élément particulier. Il substitua à l'eau une certaine matiere primitive & infinie qu'il ne nommoit ni eau, ni air, ni terre, & dont il faisoit le seul principe de l'univers. C'est de cette matiere que les corps célestes & une infinité de mondes se sont formés. Cela est difficile à concevoir ; car comment un être purement passif peut-il par sa propre vertu se mouvoir, se modifier & se diversifier à l'infini ? Si cette certaine matiere est active, ce n'est plus une matiere. Qu'est-ce donc ? Le voici, suivant les interpretes de cet étrange sentiment.

Il y a trois especes d'infinis ; un infini

en grandeur, caufe & premier principe
de tout ; un infini en nombre , & un infini en durée. Ces trois infinis font tellement arrangés, que le fecond eft le produit du premier, comme le troifieme eft
le réfultat du fecond. De l'infini en grandeur naît une succeffion infinie de mondes qui forment eux-mêmes une durée
qui n'a ni commencement ni fin.

Le premier infini, c'eft-à-dire, l'infini
tout entier, ne change point, parceque
ne produifant à chaque inftant qu'une
certaine quantité d'effets , ou plutôt ne
perdant jamais de lui-même qu'une certaine quantité égale à celle des êtres produits qui cédant la place aux furvenants,
vont fe replonger dans le chaos du premier principe , s'y dépouillent en y ren-
trant de leurs formes particulieres, rede-
viennent une partie de lui-même égale
à celle qu'il vient d'employer, & ré-
parent ainfi, par une circulation fans fin,
les pertes continuelles que lui coûte une
fécondité qui ne s'épuife jamais (1).

Voilà bien des paroles perdues. Avant
que de raifonner ainfi à perte de vue , il

---

(1) *Mémoires de l'Académie des Infcriptions* , &c. Tome
X, page 34.

faudroit expliquer ce qu'on entend par le mot infini. Si l'on ne fait ce que c'eft que l'infini, comment pourra-t-on concevoir toute cette génération des infinis? Ce n'eft point avec des mots vuides de fens qu'on explique les chofes. Or il eft certain que nous ne connoiffons point du tout l'infini, & que ce mot n'exprime que la négation du fini. Auffi cette doctrine eft pitoyable, & il eft étonnant que des gens raifonnables s'en foient occupés.

Cependant les principes du chaud & du froid ayant été féparés lorfque le monde fut créé, il fe forma, felon *Anaximandre*, une fphere de feu autour de l'air qui environne la terre, à peu près comme l'écorce qui fert d'enveloppe à un marbre; & cette fphere ayant été divifée en d'autres corps fphériques plus petits, ce font ces corps qui forment le Soleil, la Lune & les Etoiles.

Cette Phyfique eft d'autant plus mauvaife, qu'elle ne s'accorde pas avec les découvertes de THALÈS en Aftronomie, & celles d'*Anaximandre* même fur cette fcience. Ce qu'il dit de la génération des animaux eft plus raifonnable.

Si on l'en croit, les animaux ont

été engendrés dans l'humidité, & couverts d'écorces pleines d'épines qui servoient à leur défense. Ces écorces s'étant ensuite ouvertes par la sécheresse, les animaux sortirent de leurs enveloppes. A l'égard des hommes, *Anaximandre* croit qu'ils ont été engendrés dans le ventre des poissons, & qu'ayant été nourris là jusqu'à ce qu'ils eussent la force de pourvoir à leurs propres besoins, ils avoient été ensuite vomis sur la terre. Voilà pourquoi les animaux, peu après leur naissance, savent discerner leur nourriture, au lieu que l'homme seul a besoin dans son enfance d'être nourri pendant un espace de temps considérable; ainsi il ne peut pas avoir été conservé au commencement d'une autre maniere : c'est du moins le sentiment de ce disciple de THALÈS. Il est certain qu'on est dispensé de l'adopter : car que veut-il dire par ses principes de chaud & de froid ? Ce sont encore des mots qui ne signifient rien.

Persuadé sans doute du contraire, *Anaximandre* continue d'exposer avec confiance son système de Physique. Les cieux, dit-il, sont composés de chaud & de froid : les étoiles sont des globes remplis d'un air enflammé qui en fort par un certain endroit : elles fe meuvent avec des cycles ou fpheres auxquelles elles font attachées.

Le Soleil eft le plus élevé des corps céleftes ; enfuite viennent la Lune, les étoiles & les planetes. Le cycle du Soleil eft vingt-huit fois plus grand que celui de la terre. Cet aftre eft environné d'un cercle femblable à une roue de chariot ; il eft rempli de feu, & a d'un côté une bouche par laquelle on voit le feu comme dans un tuyau : quand cette bouche fe ferme, il y a éclipfe de Soleil.

Le cercle de la Lune, qui eft vingt-neuf fois plus grand que la terre, ref-femble à une roue de chariot. Cet aftre a une ouverture au milieu comme le Soleil, mais oblique, laquelle jette du feu d'un côté comme par un entonnoir : lorf-qu'en tournant elle dérobe cette ouver-ture aux yeux des fpectateurs qui font fur la terre, elle paroît éclipfée.

Anaximandre terminoit cette Phyfique par l'explication des météores. Les éclairs, le tonnerre font caufés par l'air enfermé dans une nuée épaiffe, lequel, par fa légéreté & fon mouvement, la rompt & en fort avec violence. La rupture de la nuée cauſe le bruit , & la ſéparation fait l'éclair.

L'Auteur des *Recherches ſur Anaxi-mandre* , M. l'Abbé *Canaye* , a remarqué fort à propos qu'il eſt difficile de conci-lier cette extrême groſſiéreté de Phy-ſique avec le grand nombre d'inventions dont *Diogene de Laërce* fait honneur à *Anaximandre*. Selon lui il connut les tro-piques & les équinoxes , c'eſt-à-dire qu'il réduiſit à des principes fixes la va-riété réguliere des ſaiſons , détermina la circonférence de la terre , & conſtruiſit la ſphere. Cet Hiſtorien lui attribue en-core l'invention des cadrans ; mais *Pline*, *Vitruve* , & preſque tous les Hiſtoriens de la Philoſophie la donnent à *Anaxime-nes* ſon diſciple, & ſon ſucceſſeur à l'école de Milet.

Les ſentiments de ce dernier Philoſo-phe différoient peu de ceux de ſon mai-tre. Il ſoutenoit qu'un air infini eſt le principe de toutes choſes , mais que chacune d'elles eſt finie , & qu'elles de-viendront ce qu'elles avoient été. Selon lui , tous les êtres ont été engendrés par une condenſation & une raréfaction de l'air ; la terre , l'eau & le feu en ayant été les premieres productions. La con-

denfation de cet air forme les nuées , &
celle des nuées la pluie : fi cette pluie
fe congele en tombant , elle devient
neige , & fi un vent froid fouffle fur
cette neige , elle fe change en grêle. La
réflexion des rayons du Soleil fur une
nuée épaiffe forme l'arc-en-ciel , & les
tremblemens de terre font caufés par la
raréfaction ou la féchereffe de la terre ,
& par la condenfation : l'un vient d'une
grande chaleur , & l'autre d'un froid
exceffif : la condenfation fe nomme
froid , & la raréfaction chaleur.

Après avoir expliqué les météores ,
Anaximene décrit la formation des corps
céleftes. Il dit que la fuperficie exté-
rieure des cieux eft compofée de terres ;
que les étoiles font une matiere ignée ,
invifible ; qu'elles font mêlées parmi les
corps céleftes , & attachées au firma-
ment comme à un cryftal , & qu'elles fe
meuvent autour de la terre. A l'égard du
Soleil , fa forme eft celle d'un plat , &
fa fubftance eft ignée ; il s'éclipfe quand
la bouche par où fort la chaleur , eft
fermée. La Lune eft auffi une fubftance
ignée , & la caufe de fes éclipfes eft la
même que celle des éclipfes du Soleil ,
&c.

Toute cette Physique est aussi téné-
breuse que celle d'*Anaximandre* , & se
ressent comme elle de l'enfance de l'esprit humain dans la connoissance de la
nature. On ne sait point à quel âge ce
Philosophe est mort ; mais on croit que
son maître *Anaximandre* avoit environ
66 ans quand il termina sa carriere.

PYTHAGORE

M.lle U. Reydellet del.

Roucent S.

PYTHAGORE (*).

Après un si long temps de ténebres, où les hommes paroissoient ignorer les forces de leur esprit & l'usage de la raison, il est étonnant que les commencements de la Philosophie aient été si lumineux. On auroit lieu de croire que pendant plus de trois mille ans la nature ne s'étoit occupée qu'à former la terre & à la peupler, sans travailler à la perfection des êtres qu'elle avoit produits, si on étoit certain que les Prêtres de Memphis & *Thalès* ont cultivé les premiers les sciences exactes & les sciences naturelles. Par quel moyen les Egyptiens avoient-ils acquis ces connoissances sublimes qu'on leur attribue, & que ni les Mages des Perses, ni les Chaldéens, ni les Gymnosophistes, ni les Celtes, ni les Druides, ni aucune nation barbare ne connoissoient point ? M. *Dacier*

___

(*) *Diogene de Laërce*, L. VIII. *La Vie de Pythagore* par M. *Dacier. Dissertations & Recherches sur Pythagore* par MM. *de la Nause & Freret*, dans les *Mem. de l'Académ. Roy. des Inscript.* Tom. XIV. *Dictionn. de Bayle*, art. *Pythagoras.* Jac. *Brucker. Histor. crit. Philosop.* Tom. I, &c. &c.

croit qu'ils se les étoient procurées en commerçant avec le Peuple de Dieu. Ce peuple a donc découvert les principes de la Géométrie & de l'Astronomie. C'est une conséquence naturelle de M. *Dacier.* Cependant nous ne voyons pas dans l'histoire de ce Peuple qu'il fût plus savant que *Moyse* son législateur, & tout le monde sait en quoi consistoit la capacité de ce grand personnage dans ces sciences.

Convenons donc qu'on ignore comment à plusieurs siecles d'ignorance succéda tout d'un coup un siecle de savoir. Ce fut sans doute une veine heureuse de la nature, d'où sortirent en même temps les plus beaux génies de l'antiquité. Tel étoit aussi le Philosophe dont on va lire l'histoire, & à qui l'on doit les idées les plus ingénieuses & les plus belles découvertes sur tous les objets des connoissances humaines.

Ce Philosophe se nommoit PYTHAGORE: il naquit à Samos environ 590 ans avant J. C. Son pere, appellé *Mnesarque*, étoit graveur de cachets, & faisoit commerce de bagues & d'autres bijoux: il descendoit cependant d'*Ancée* qui regna à Samos. On prétend que l'oracle

l'oracle lui avoit prédit la naissance de
son fils, qu'il l'avoit averti qu'il seroit recommandable par sa beauté, par sa sagesse, & par les services qu'il rendroit
à tous les hommes. On veut même que
ce soit à cause de cette prédiction que
Mnesarque lui donna le nom de PYTHA-
GORE, quoiqu'on n'en voie pas la raison.

Quoi qu'il en soit de cette opinion,
cet homme eut de son fils tous les soins
qui pouvoient appuyer les grandes es-
pérances qu'il en avoit conçues. Heureusement les dispositions de l'enfant répondoient parfaitement aux peines que
le pere se donnoit. Le jeune PYTHA-
GORE croissoit tous les jours en sagesse,
& sa douceur & son intelligence paroissoient avec tant d'éclat dans toutes ses
paroles & dans toutes ses actions, qu'on
ne douta plus de la vérité de l'oracle.
On l'appelloit *le jeune Chevelu*, & par-
tout où il passoit on le combloit de béné-
dictions & de louanges.

D'abord il eut pour Précepteur un
certain *Hermodamas* qui lui enseigna tout
ce qu'il savoit. Peu satisfait de ses instructions, son éleve passoit souvent les
journées entieres avec les Prêtres de

Samos pour s'inſtruire de tout ce qui concernoit les Dieux & la religion. Mais rebuté de ne point trouver dans ſon iſle des perſonnes capables de l'inſtruire comme il le deſiroit, il réſolut d'aller chercher des maîtres dans les pays étrangers.

Il ſortit donc de Samos. Il avoit alors dix-huit ans. Il alla d'abord à l'iſle de Syros où étoit le Philoſophe *Pherecide* dont il avoit entendu parler : de là il paſſa à Milet où il converſa avec *Thalès* & avec *Anaximandre* ; de Milet il ſe rendit en Phénicie, fit quelque ſéjour à Sidon, & vint enfin en Egypte pour entendre les Prêtres de ce pays qui paſſoient pour les hommes les plus ſavants de l'univers.

Il s'adreſſa d'abord aux Prêtres d'Héliopolis qui le renvoyerent aux Prêtres de Memphis, & ceux-ci aux anciens Prêtres de Dioſpolis. Ces derniers ne vouloient pas d'abord l'initier dans leurs myſteres ; mais ſachant que PYTHAGORE étoit protégé par *Amaſis* leur Souverain, à qui *Policrate*, Roi de Samos, l'avoit recommandé, ils n'oſerent le refuſer ; mais ils le prévinrent qu'il falloit faire un noviciat très rigou-

reux : ils croyoient par là le faire dé-
fister de son dessein & s'en débarrasser :
ils se tromperent. Notre Philosophe,
poussé par un desir violent d'apprendre,
pratiqua sans murmurer les regles très
austeres qu'ils lui firent observer, &
demeura avec eux jusqu'à ce qu'il eût
appris tout ce qu'ils savoient. On croit
que ce séjour fut de vingt cinq années.

En quittant l'Egypte il alla à Babylone, & de là à Crete & à Sparte où il
recueillit encore de nouvelles connoissances. Rendu enfin chez lui, à Samos,
il fut étonné de voir l'abus que faisoit
Policrate de son autorité, en opprimant
ses compatriotes. Il haïssoit trop la servitude pour vivre sous le joug d'un tyran : aussi s'exila-t-il lui-même de l'isle
de Samos, & fut chercher un asyle où
il pût conserver sa liberté & son indé-
pendance.

Sans savoir où il se fixeroit, il par-
courut Délos & la plus grande partie de
la Péloponnese. En passant à Phlius où
regnoit *Léon*, il eut de longs entretiens
avec ce Prince. PYTHAGORE lui dit de
si belles choses & parla si bien, que *Léon*,
étonné de son savoir & de son intelligence, lui demanda quel étoit son art.

Je n'ai point d'art , répondit notre étranger, *je suis Philosophe.* Le Prince, surpris de la nouveauté de ce nom qu'il n'avoit jamais entendu , lui demanda ce que c'étoit qu'un Philosophe ; *c'est* , répondit il, *un amateur de la sagesse , car il n'y a* , ajouta-t-il, *que Dieu qui soit sage, & ceux qui se sont nommés ainsi , se sont arrogés un titre qu'ils ne méritent pas.* Mais, reprit *Léon* , quelle différence y a-t-il entre un Philosophe & les autres hommes ? La voici , dit PYTHAGORE. *Cette vie peut être comparée à la célebre assemblée que l'on tenoit tous les quatre ans à Olympie pour la solemnité des jeux : car comme dans cette assemblée ceux ci par les exercices cherchent la gloire & les couronnes , ceux-là par l'achat ou par vente de diverses marchandises cherchent le gain ; & les autres , plus nobles que ces deux premiers , n'y vont ni pour le gain ni pour les applaudissements , mais seulement pour jouir de ce spectacle merveilleux , pour voir & pour connoître ce qui s'y passe : nous de même quittant notre patrie , qui est le ciel , nous venons dans ce monde comme dans un lieu d'assemblée. Là les uns travaillent pour la gloire , les autres pour le profit , & il n'y a qu'un petit nombre qui , foulant aux*

pieds l'avarice & la vanité , étudient la na-
ture. Ce font ces derniers que j'appelle Philosophes. *Et comme dans la solemnité des*
jeux il n'y a rien de plus noble que d'être
spectateur sans aucun intérêt , de même
dans cette vie la contemplation & la con-
noissance de la nature font infiniment plus
considérables que toutes les applications :
aussi l'homme a-t-il été créé pour connoître
& pour contempler.

Après avoir pris congé du Roi *Léon*,
PYTHAGORE s'achemina vers l'Italie ,
& alla s'établir à Crotone. Les peuples
qui l'habitoient avoient passé jadis pour
les hommes les plus vertueux ; mais
ayant été battus par les Locriens , ils
s'étoient abâtardis ; & accablés par la
honte de leur défaite , ils se consoloient
dans les bras de la mollesse. Notre Philosophe crut qu'il étoit digne de lui de
relever leur courage abattu. Il falloit les
engager pour cela à renoncer à la vie
molle & voluptueuse qu'ils menoient, &
c'est à quoi il travailla avec le plus grand
soin.

Il ne leur parloit tous les jours que des
avantages de la tempérance & des maux
que la volupté & la débauche entraînent
après elles. Il comparoit le soin qu'on a

du corps à l'acquisition d'un faux ami
qui nous abandonne dans la nécessité,
& le soin qu'on a de l'ame à celle d'un
véritable ami qui nous soutient dans tous
les besoins de la vie, & qui nous est utile
même après notre mort. Ses exhorta-
tions furent si fortes & en même temps
si pathétiques, que les Crotoniates abandonnerent le luxe & la bonne chere
pour vivre selon les regles de la vertu :
il obtint même des Dames qu'elles se dé-
fissent de leurs beaux habits & de leurs
bijoux, & qu'elles en fissent un sacrifice
à Junon, principale Divinité du lieu,
& dans le temple de laquelle il leur prêchoit l'amour de la modestie & de la simplicité.

Cette conversion étonna beaucoup
& avec raison les Magistrats de Crotone ; car il est certain que l'attachement à la braverie, pour me servir de
l'expression de *Bayle*, est une piece de
si grande résistance, qu'il n'y a rien qui
fasse plus réfléchir les traits des Prédica-
teurs : les Magistrats craignirent donc
que le talent qu'il avoit de subjuguer les
esprits ne lui frayât le chemin de la
royauté. Ils le manderent pour venir
rendre compte de sa conduite. PYTHA-

GORE leur parla avec tant de force &
de solidité, que rassurés par sa doctrine
sur la crainte que sa grande habileté leur
avoit inspirée, ils le prièrent de se mêler
du gouvernement, & de les aider des
conseils qu'il jugeroit les plus utiles.

Le premier qu'il leur donna fut d'élever un temple aux Muses, afin d'engager les citoyens à cultiver leur esprit,
& à former leur cœur par l'étude des
lettres, & de leur faire connoître ainsi
le prix inestimable de vivre tous dans
l'union & dans la concorde sous le premier Magistrat ; car le plus sûr rempart
contre l'oppression & la tyrannie, c'est,
dit il, l'union des citoyens ; & les Muses
qui ne sont jamais en divorce entre elles,
ne rompent jamais l'harmonie de leurs
concerts.

Le second conseil fut de conserver l'é-
galité entre eux, car *l'égalité n'engendre
point la guerre*, & de ne chercher à sur-
passer les Etats voisins qu'en bonne foi
& en justice : *car*, ajoute t-il, *sans la bonne
foi il est impossible que les Etats enfin ne se
ruinent ; & la justice est si nécessaire, que
rien ne peut subsister long-temps sans elle.*

En troisieme lieu il leur assura qu'*il n'y
a pas de plus grand malheur que l'anarchie.*

Et son dernier conseil ou précepte fut *de ne point abuser du nom des Dieux dans leurs serments , & de se rendre tels , que personne ne pût justement refuser de les croire sur leur parole.*

Il les exhorta à bannir la paresse & l'oisiveté ; leur expliqua que la véritable gloire consiste à se rendre tel qu'on veut paroître aux autres ; leur apprit que Dieu est seul l'auteur & la source de tout bien , & qu'ils ne devoient imputer tous les désordres qui regnoient dans leur ville qu'à la mauvaise éducation qu'ils donnoient à leurs enfants.

Ravis de l'entendre, les Magistrats le prièrent de continuer ses instructions dans les temples à leurs femmes & à leurs enfants : souvent ils alloient eux mêmes les entendre , & les citoyens des villes voisines venoient aussi en foule en profiter.

D'abord notre Philosophe trouva de grands obstacles à la réforme qu'il vouloit établir. Les Crotoniates menoient une vie fort déréglée : ils se marioient pour la forme : ils prenoient une épouse *ad honores* , & vivoient avec des concubines. Mais par sa constance & sa patience PYTHAGORE surmonta toutes les difficultés. En parlant aux enfants il leur repréſentoit que *l'enfance étant l'âge le plus agréable à Dieu , & celui dont il a le plus de ſoin , il étoit juſte qu'ils travaillaſſent à la conſerver pure , & à l'orner de toutes les vertus.* Il recommandoit aux femmes l'amour de leurs maris , & aux maris l'amour de leurs femmes , comme un devoir qui renfermoit tous les autres.

Ainſi par la force de ſes inſtructions, notre Philoſophe rétablit l'union & la foi conjugale. C'eſt le ſentiment de *Juſtin* & de M. *Dacier.* Cependant quelques Auteurs prétendent que ces inſtructions ſe trouverent trop courtes , & qu'il fallut recourir à une machine plus puiſſante pour opérer cette converſion : ce fut de feindre qu'il étoit deſcendu dans les enfers , & qu'il y avoit vu dans les tourments les maris qui ne rendoient pas à leurs épouſes les devoirs du mariage. Voici comment *Bayle* raconte la choſe.

» Ce Philoſophe (PYTHAGORE) étant
» arrivé en Italie , s'enferma dans un
» logis ſouterrain , après avoir prié ſa
» mere de tenir regiſtre de ce qui ſe
» paſſeroit. Quand il ſe fut tenu là autant
» de temps qu'il le jugea à propos , ſa
» mere, comme ils en étoient convenus,

» lui fit tenir ses tablettes. Il prit les
» dates & les autres circonstances des
» événements : il sortit de ce lieu-là avec
» un visage pâle & défait : il assembla
» le peuple , & il assura qu'il venoit des
» enfers ; & pour le persuader , il récita
» ce qui s'étoit fait dans la ville. Il fit
» gémir & pleurer toute l'assemblée ,
» tant ses auditeurs furent touchés de ce
» récit : ils ne douterent plus que ce ne
» fût un homme divin , & ils lui don-
» nerent à instruire leurs femmes (1).

Bayle cite pour garant de son récit *Hermippus* & *Diogene de Laërce.* Je ne connois point cet *Hermippus* ; mais j'ai lu *Diogene de Laërce* , & je trouve que cet Auteur raconte différemment cette prétendue descente aux enfers : *Jerôme*, dit-il , raconte qu'il (PYTHAGORE) descendit aux enfers ; qu'il y vit l'ame d'*Hesiode* attachée à une colonne d'airain, grinçant les dents ; qu'il y apperçut encore celle d'*Homere* pendue à un arbre , & environnée de serpents , en punition des choses qu'il avoit attribuées aux Dieux ; qu'il y fut aussi té-

---

(1) *Diction. hist. & crit. de Bayle* , art. *Pythagoras* , note *F.*

moin des supplices infligés à ceux qui ne
s'acquittent pas envers leurs femmes des
devoirs de maris, & que par tous ces
récits PYTHAGORE se rendit fort respec-
table parmi les Crotoniates (1).

Ce récit est sans doute plus incroyable que celui de *Bayle*, qui, malgré sa
vraisemblance, n'en est pas moins une
fable. Elle est fondée, selon M. *Dacier*,
sur ce que notre Philosophe, à l'exemple
de *Zoroastre*, d'*Épiménide* & de *Minos*,
qui s'étoient retirés dans des antres pour
se séparer du tumulte du monde, &
pour y méditer tranquillement, s'étoit
enfermé dans un lieu souterrain pour se
livrer avec moins de distraction à l'é-
tude de la Philosophie ; quand il sortit
de cette retraite, il étoit si défait & si
maigre, qu'on dit qu'il revenoit des enfers, c'est-à-dire, du tombeau. Dans
la suite des temps cette expression fut
prise à la lettre, & l'on débita qu'il étoit
véritablement descendu dans les enfers.

Rien n'est plus raisonnable que cette
conduite. Cependant pour justifier notre
Philosophe du soupçon d'avoir donné
lieu à ce conte que rapporte *Bayle*,

____

(1) *Diogène de Laërce, Vie de Pythag.*

dans la vue de s'acquérir de l'autorité, il falloit parler du temps & de l'occafion de fa retraite ; car s'il a fufpendu fes inftructions aux Crotoniates pour s'enfermer dans un lieu fouterrain, cela prouve qu'il avoit quelque vue en fe dérobant ainfi de la préfence de fes auditeurs : & quelle autre vue auroit il pu avoir que celle de s'acquérir de la confidération par une difparition merveilleufe, afin de donner plus de poids à fes difcours ?

Quoi qu'il en foit de cette conjecture, après que PYTHAGORE eut ainfi réformé les mœurs des citoyens, il penfa à pofer les fondements folides de la fageffe dont il faifoit profeffion, & à établir fa fecte, afin que les femences de vertu qu'il avoit déja jettées dans les cœurs, étant entretenues & cultivées par ceux qui lui fuccéderoient, paffaffent d'âge en âge, & portaffent les mêmes fruits après fa mort.

Il ouvrit donc une école de Philofophie dans le temple même de Junon. La haute opinion qu'on avoit de fon mérite lui attira un très grand nombre de difciples : il en vint de la Grece & de l'Italie ; mais tous ne furent point admis. De crainte de verfer dans des vaiffeaux corrompus les tréfors de la fcience & de la vertu, il ne voulut point les recevoir fans les éprouver. Il difoit que *toute forte de bois n'eft pas propre à faire un Mercure,* c'eft à dire, que tous les efprits ne font pas propres aux fciences.

Il confidéroit d'abord leur phyfionomie, d'où il tiroit des indices de leurs inclinations : il obfervoit leurs difcours, leurs ris, leurs démarches ; s'informoit exactement de leur conduite, & examinoit avec grand foin ce à quoi ils étoient le plus fenfibles : quand il leur trouvoit les difpofitions nécefaires, avant que de les recevoir il éprouvoit leur conftance par de longs délais : enfin fatisfait de leur perfévérance, il les admettoit à fon noviciat qui étoit très rude.

Il les affujettiffoit d'abord à un filence de cinq ans, pendant lefquels ils ne dévoient qu'écouter, fans ofer jamais faire la moindre queftion, ni propofer le moindre doute. Ces cinq années de filence fe réduifoient fouvent à deux, fuivant la bonté du caractere & des qualités du poftulant.

Lorfque PYTHAGORE les croyoit affez inftruits dans l'art fi difficile d'écouter & de fe taire, ils étoient admis, & il leur donnoit la liberté de parler, de propofer leurs doutes, & d'écrire ce qu'ils entendoient, fans leur permettre cependant de parler fans mefure & fans bornes. Souvenez-vous, leur difoit il fouvent, *qu'il faut ou se taire ou dire des chofes qui vaillent mieux que le filence. Jettez plutôt une pierre au hafard, qu'une parole oifeufe & inutile.*

Parmi ceux qui avoient gardé le filence, il s'en trouvoit quelquefois qui n'avoient pas la même ouverture d'efprit : il en faifoit le triage pour les traiter fuivant leur intelligence. A ceux qu'il ne trouvoit pas propres à pénétrer les caufes & les raifons des chofes, il ne leur donnoit que le précepte fec & nud ; & il les appelloit *Écoutants :* mais ceux en qui il reconnoiffoit un génie capable d'approfondir les matieres, il leur expliquoit les raifons & les caufes de tout ce qu'il enfeignoit ; & ceux-ci étoient nommés *Initiés aux Sciences :* c'étoient les feuls qu'il reconnoiffoit pour fes véritables difciples, & capables d'enfeigner.

Il juftifioit fa conduite à l'égard de ces deux fortes de difciples, en difant qu'il ne favoit pas forcer la nature, & qu'en

donnant aux moins intelligents le précepte nud , & aux plus fubtils la raifon
du précepte , il ne faifoit aucun tort aux
premiers : ils font , ajoutoit-il , au même
état que les malades qui ne laiffent pas
de guérir de leurs maladies , s'ils exé-
cutent ce que le Médecin a ordonné ,
quoique ce Médecin prefcrive feulement
les remedes dont ils ont befoin , fans
leur expliquer les raifons de fes ordon-
nances.

Lorfque le noviciat étoit fini , les difciples , avant que d'être admis , étoient
obligés de porter en commun tous leurs
biens qu'ils mettoient entre les mains de
perfonnes choifies, appellées *Économes*,
lefquelles les adminiftroient avec tant
de foin & de fidélité , que fi quelqu'un
vouloit fe retirer , il remportoit fouvent
plus qu'il n'avoit porté.

Il ne perdoit rien du côté de l'intérêt ;
mais il pouvoit dire adieu pour toujours
à fes confreres qui , dès qu'il étoit forti ,
le regardoient comme mort : ils lui faifoient des obfeques , & lui élevoient un
tombeau. Un homme , difoient-ils , qui
quitte les voies de la fageffe dans lefquelles il étoit entré , a beau fe croire
vivant , il eft mort. Certainement il

falloit avoir le cœur bien corrompu pour abandonner la société des disciples de PYTHAGORE quand on l'avoit embrassée. Rien n'étoit plus édifiant que leur genre de vie.

Comme notre Philosophe estimoit extrêmement la musique, qu'il la regardoit comme quelque chose de divin, & qu'il la croyoit très propre à calmer les passions de l'ame, à les adoucir & à les dompter, il vouloit que ses disciples commençassent par-là leur journée, & qu'ils la finissent de même. Après quelques moments donnés à la musique, il les menoit à la promenade dans les lieux les plus agréables, & les conduisoit de là au temple où il tenoit son école : ils y faisoient quelques prieres, & se livroient à la méditation, ou à l'étude de quelque point de la doctrine de leur maitre.

A la sortie du temple ils faisoient quelques exercices pour disposer leur estomac au repas qu'ils alloient prendre : ils dînoient ensuite avec un peu de pain & de miel, sans vin : après le dîner ils vaquoient aux affaires publiques ou domestiques, selon leurs emplois : leurs affaires finies, ils se promenoient comme le matin, passoient de là au bain, &

foupoient avant le coucher du foleil. On
leur fervoit du pain, des herbes, quelque portion des victimes du facrifice,
rarement du poiffon, & on leur donnoit
un peu de vin. A la fin du repas on faifoit les libations qui étoient fuivies de
quelque bonne lecture que le préfident
de l'affemblée faifoit faire au plus jeune
des difciples : la lecture finie, on faifoit
encore une libation, après quoi le
préfident de l'affemblée congédioit tout
le monde, en donnant pour fujet de la
méditation du lendemain quelque fym-
bole de leur maître à méditer.

Voilà comment vivoient les difciples
de PYTHAGORE, felon l'Auteur de fa
vie. Mais fi telle étoit la difcipline qu'ils
obfervoient dans fon école, dans quel
temps étudioient-ils les fciences qui com-
pofoient la doctrine de notre Philofophe? Car les fymboles ne comprenoient
que la morale : c'étoient des fentences,
des efpeces d'énigmes qui, fous l'enveloppe de termes fimples & naturels,
préfentoient quelque moralité : or on
fait que le but de notre Philofophe étant
de dégager l'efprit des liens du corps,
il employoit envers fes difciples tous les
moyens qui pouvoient les conduire à ce

but. Ces moyens étoient les sciences mathématiques , qu'il jugeoit très propres
à purifier l'ame ; la dialectique , qu'il regardoit comme l'inspection divine de
l'objet de ces sciences , c'est-à dire , de
la vérité ; la logique , qu'il faisoit consister dans l'art de distinguer les bons raisonnements des mauvais , art dont il est
l'inventeur , car on croyoit avant lui
que tout le monde raisonnoit de même ,
& que le raisonnement étoit aussi naturel à l'homme que la parole ; enfin
PYTHAGORE enseignoit encore la physique , ou la connoissance de la nature.
Il faut donc que les occupations de ses
disciples pendant la journée ne fussent
pas telles que M. *Dacier* nous les décrit :
il y avoit sans doute des heures mar-
quées pour l'étude de la philosophie de
leur maître : & quand ce maître tra-
vailloit-il lui-même & faisoit il ces belles
découvertes qui l'ont immortalisé ? C'est
ce dont ni M. *Dacier* , ni aucun Historien de la philosophie ne nous ont instruits , & dont je dois cependant rendre
compte au lecteur.

Nous ignorons l'ordre qu'il suivit dans
ses découvertes , & il n'est guere possible
de le deviner , parceque les découvertes

font le fruit de ces heureuses idées qui dépendent ou des circonstances, ou du hasard, ou encore des bons moments de l'esprit : mais nous savons que dans ses instructions il commençoit par les mathématiques, parcequ'elles tiennent, selon lui, le milieu entre les choses corporelles & les incorporelles, & qu'elles font par conséquent propres à détacher l'esprit des choses sensibles, & à l'élever à la connoissance des êtres intelligibles, pour me servir de son expression. Tels furent donc les progrès qu'il fit dans cette science des nombres.

PYTHAGORE apprit l'arithmétique des marchands Phéniciens. Il trouvoit cette science si merveilleuse, qu'il disoit que celui qui l'a inventée étoit le plus sage des hommes. Il se servit des nombres afin d'expliquer la création & les principes des êtres. Pour faire entendre l'unité, l'égalité, l'identité, & la stabilité du premier principe qui est cause de la création, de l'union, de la sympathie, & de la conservation de l'univers, il appella ce premier principe *un*, ou *l'unité*. Et pour expliquer la diversité, l'inégalité, la divisibilité, & les changements continuels de la matiere, il nomma cette matiere *deux* ; car telle est, difoit-il, la nature du nombre *deux* dans les chofes particulieres, qu'il fépare & qu'il divife. Il fit auffi ufage des nombres pour exprimer les êtres métaphyfiques. Ainfi, felon lui, l'ame eft un nombre fe mouvant lui-même, & tout reffemble aux nombres : mais Dieu eft le nombre des nombres, &c.

Toute cette doctrine étendue & développée étoit expofée dans un ouvrage intitulé *le Livre facré*, qui eft perdu. Ce n'eft point heureufement une grande perte, à en juger par l'ufage qu'en ont fait fes difciples, en voulant attribuer aux nombres de certaines qualités myftérieufes, indignes de l'attention des fages. Il faut croire que le but de PYTHAGORE dans fa doctrine étoit d'expliquer les premiers principes par les nombres, parcequ'il ne trouvoit point qu'on pût fe rendre intelligible par le difcours.

Quoi qu'il en foit, notre Philofophe inventa une chofe plus utile dans l'art de compter ; ce fut une table contenant la multiplication des nombres depuis 1 jufqu'à 10, qu'on nomme *abaque*. Quelques Auteurs lui attribuent auffi l'invention des notes numérales, que nous appellons

chiffres ; & pour appuyer ce sentiment,
M. *Huet*, ancien Evêque d'Avranches,
a prétendu que ces chiffres ne sont que
des lettres grecques qui peu à peu ont
été altérées & défigurées par les co-
pistes ignorants, ou par une longue habitude d'écrire qui corrompt ordinairement la main (1). Il est certain que dans
leur origine, les chiffres ressembloient
un peu aux caracteres grecs ; mais cela
ne prouve pas qu'ils en fussent réellement : on croit aujourd'hui avec raison
que c'étoient des lignes qui formoient
ces chiffres, parceque le nombre de ces
lignes exprimoit leur valeur, & on a
fait voir avec assez de probabilité comment ces lignes avoient formé les chiffres
dont nous nous servons (2).

Les découvertes de notre Philosophe
en géométrie sont plus considérables
que celles qu'il a faites en arithmétique.
La premiere est que l'*angle extérieur d'un
triangle est égal aux deux angles intérieurs
opposés, & que les trois angles sont égaux
à deux angles droits* ; & la seconde, c'est

---

(1) *Démonstration évangel.* Prop. IV. C. 13.
(2) Voyez l'*Histoire des progrès de l'esprit humain dans les
sciences exactes*, page 17.

que le *quarré fait fur la bafe d'un triangle rectangle eft égal aux quarrés des deux côtés pris enfemble.* Ces deux propofitions forment la bafe de la géométrie. On dit que PYTHAGORE eut tant de joie d'avoir découvert celle-ci, qu'il facrifia cent bœufs aux Mufes en action de graces : mais ce point eft contefté, premiérement parcequ'il eft conftant que PYTHAGORE blâmoit hautement la grande dépenfe dans les facrifices ; & en fecond lieu, parceque fa fortune n'étoit pas affez confidérable pour faire ce qu'il défendoit.

Auffi *Cicéron*, en rapportant ce trait d'hiftoire, dit qu'il ne facrifia qu'un bœuf : mais il refte encore une difficulté ; c'eft que notre Philofophe ne fit point de facrifice fanglant. Il eft pourtant certain qu'il offrit un bœuf, s'il ne le facrifia pas, mais ce fut un bœuf de pâte : il y avoit une loi ancienne qui permettoit d'offrir ces victimes faites par art.

Notre Philofophe nous apprit encore que de toutes les figures de même contour, le cercle eft la plus grande, & que parmi les corps ou folides, c'eft la fphere.

Il cultiva auffi l'aftronomie, & ce

fut avec le même succès qu'il pouvoit se promettre de sa sagacité. Il reconnut la rondeur de la terre, l'existence des antipodes, la sphéricité des astres, la cause de la lumiere de la lune & celle des éclipses, & observa le cours de Vénus & de Mercure, les deux planetes les plus proches du soleil. En contemplant les astres il fut si frappé de la régularité de leurs mouvements, qu'il lui vint en idée qu'ils faisoient un concert agréable dont Dieu & les bienheureux doivent jouir. Il avoit alors la tête remplie de la science des sons, & il s'occupoit d'une découverte que le hasard lui avoit fait faire en musique : voici comment.

Un jour qu'il rêvoit sur les moyens d'aider l'ouïe, il passa par hasard devant la boutique d'un forgeron, & entendit le bruit de plusieurs marteaux qui, battant le fer sur l'enclume, formoient des accords assez justes. Cette harmonie le frappa. Il entra dans la boutique, examina les marteaux & leur son par rapport à leur volume, & il trouva que la différence des sons dépendoit de la différente pesanteur des marteaux.

Rentré chez lui, il n'eut rien de plus à cœur que de vérifier cette observation par de nouvelles expériences. A cette fin il attacha à des chevilles plantées dans la muraille de sa chambre, des cordes de même longueur, & les chargea de différents poids, & par la proportion des poids il détermina le rapport des sons.

Pour résoudre ce problême avec plus de facilité, il imagina un instrument avec lequel il détermina la proportion des sons, & qu'il appella *monocorde*, parcequ'il étoit formé d'une seule corde divisée en plusieurs parties, sur lesquelles il appliquoit un chevalet qui soutenoit la corde, & qui la partageoit en telle raison qu'il desiroit (1).

Ce Philosophe avoit sur la musique un sentiment particulier : c'est qu'on ne doit pas en juger par l'ouie, mais par l'entendement, c'est-à-dire, par les regles de cet art : la raison de ce sentiment est que l'oreille peut tromper, au lieu que les regles sont sures & invariables.

PYTHAGORE faisoit grand cas de la science des sons; & quoique cette science

____

(1) Voyez l'*Histoire des progrès de l'esprit humain dans les Sciences exactes*, page 332.

soit

foit une partie de la phyfique comme de
la géométrie , il eftimoit cependant fort
peu la phyfique. Il difoit que les chofes
qui exiftent véritablement font les incorporelles & éternelles , & que toutes les
chofes corporelles ou matérielles étant
nées & étant fujettes à corruption , elles
n'ont point d'état fixe , & ne doivent
pas être par conféquent l'objet de l'occupation des fages. Malgré cette raifon ,
qui n'eft pas merveilleufe , il expliquoit
à fes difciples la caufe des effets naturels
fuivant fes propres idées.

Il concevoit la matiere comme une
feule maffe , qui , par la différente configuration des parties qui la compofent ,
a produit les éléments. Il enfeignoit que
tous les animaux naiffent des femences ;
que le chaud eft le principe de la vie ;
que ce qui forme l'homme eft une fubftance qui defcend du cerveau , c'eft-à-
dire , pour me fervir de fon expreffion ,
une goutte du cerveau impregnée d'une
vapeur chaude ; que de cette goutte
font formés les os , les nerfs & les chairs ,
& que de la vapeur chaude fe forment
l'ame & le fentiment. Par vapeur chaude
il entendoit les efprits , & c'eft dans ce
fens qu'il difoit que le fentiment en

général & la vue en particulier font une
vapeur chaude , & il expliquoit la vifion
en admettant qu'il fort des objets certaines efpeces vifibles , lefquelles font
fort grandes quand elles font proches de
ces objets , mais qui diminuent à mefure
qu'elles s'en éloignent , au point qu'elles
peuvent entrer par le trou de la prunelle
pour y exciter le fentiment de la préfence des objets.

Il difoit que le fœtus eft formé en quarante jours , & que felon les loix de
l'harmonie , c'eft-à-dire , du mélange
des qualités , il nait le feptieme , le neu-
vieme ou le dixieme mois , & qu'alors
il a en lui les principes & les raifons de
tout ce qui doit lui arriver pendant fa
vie. Il confidéroit le corps de l'homme
comme un inftrument capable d'obéir &
de fe conformer à tous les différents
genres de vie. Et comme cet inftrument,
pour être en bon état , doit avoir la
fanté , la vivacité du fentiment , la
force & la beauté , ou jufte proportion
des parties , il faut auffi accorder & accommoder l'ame aux vertus qui répon-
dent analogiquement aux qualités ou
vertus du corps.

On doit donc lui donner la tempé-

rance qui répond à la santé, la prudence qui répond à la vivacité du sentiment, le courage qui répond à la force,
& enfin la justice qui répond à la beauté
ou juste proportion des parties.

De la physique notre Philosophe
passoit à la métaphysique, & lioit avec
raison ces deux sciences. Il s'attacha
aussi à la Médecine. Il admit d'adord les
quatre éléments comme les premieres
qualités du froid, du chaud, du sec &
de l'humide, & il reconnut que ce ne
sont pas les premieres qualités qui font
les maladies, mais les secondes, telles
que l'acerbe, le doux, le salé, l'amer,
& toutes les autres saveurs. On regarde
cette observation comme le fondement
de la médecine.

Il appelloit l'ivresse *la ruine de la santé,
le poison de l'esprit, & l'apprentissage de la
manie.* Il condamnoit tous les excès dans
la nourriture & le travail, & croyoit que
l'acte vénérien est nuisible à la santé, tellement que quelqu'un lui ayant
demandé en quel temps il pourroit approcher d'une femme, il répondit :
Quand tu feras las de te bien porter.

Malgré ce conseil, il regardoit le
mariage non seulement comme une

société néceffaire à la politique, mais encore comme un acte de religion ; car il difoit qu'on étoit obligé de laiffer après foi des fucceffeurs pour honorer les Dieux, afin que leur culte fût continué d'âge en âge. Il fe maria lui même à Crotone, & époufa la fille d'un des principaux de cette ville, nommée *Théane*, dont il eut deux fils & une fille. Mais fi les plaifirs de l'amour font nuifibles à la fanté, pourquoi notre Philofophe voulut il les connoître ? Il étoit donc *las de fe bien porter ?* Il y a ici une petite contradiction qu'il faut attribuer à une erreur de fait plutôt qu'à un défaut de fageffe : c'eft qu'il eft faux que le commerce d'une femme rende malade. PYTHAGORE croyoit le contraire : il fe trompoit, & peut-être l'a t il reconnu lui-même, fans qu'on lui ait tenu compte de cette correction.

Au refte, l'application que notre Philofophe donnoit à toutes les fciences ne l'empêchoit pas de cultiver la politique qui faifoit prefque toujours l'occupation des premiers fages : il l'appuya fur fes véritables fondements qui font l'égalité & la juftice. Il prêcha cette maxime dans toutes les villes d'Italie & de Sicile, en délivra plusieurs du joug de la servitude, appaisa les séditions dans plusieurs autres, rétablit l'union & le calme dans une infinité de familles divisées, & enfin adoucit les mœurs féroces de plusieurs peuples & de plusieurs tyrans.

Un seul résista à ses remontrances : ce fut *Phalaris* de Crete, tyran de Sicile. PYTHAGORE lui parloit avec beaucoup de force & de raison sur les horreurs de la tyrannie ; & au lieu de rentrer en lui-même, *Phalaris* s'indigna de ses censures, & le menaça de le faire mourir : mais la menace de la mort n'intimida point notre Philosophe : il continua de parler au tyran avec la même liberté. Ses discours réveillerent le courage des Crétois, qui firent mourir le tyran le jour même qu'il avoit marqué pour la mort de ce Philosophe.

C'étoit autant par sa sagesse, sa douceurs & son équité que par son éloquence & sa fermeté à faire valoir les avantages de la vertu & les droits de la raison, que PYTHAGORE opéroit ces belles conversions. Quelques personnes, ou mal instruites, ou mal intentionnées pour sa gloire, prétendent qu'il y mêloit du sortilege, & cette prétention est établie sur ce fondement. M 3

Dans son séjour en Egypte , notre Philosophe avoit appris des peuples de ce pays un nombre infini de présages & d'augures : il en parloit souvent , & enseignoit même comme on en pratiquoit quelques-uns. Plusieurs personnes crurent qu'il y entendoit finesse , & le donnerent pour un sorcier. Il est vrai qu'il croyoit à la divination : il la définissoit *un rayon de lumiere que Dieu fait reluire dans l'ame à l'occasion de certains objets.* C'étoit sur-tout dans les songes qu'il pensoit que ce rayon de lumiere se manifestoit. Cette opinion le fit passer pour un magicien , & les détracteurs de son mérite n'ont pas manqué d'assurer qu'il l'étoit réellement , & qu'il faisoit des prodiges & des merveilles.

Ils ont écrit qu'il parut avec une cuisse d'or aux jeux olympiques ; qu'il se fit saluer par le fleuve Nessus ; qu'il arrêta le vol d'un aigle , apprivoisa une ourse , fit mourir un serpent , & chassa un bœuf qui gâtoit un champ de feves , par la seule vertu de certaines paroles , &c. toutes sottises que les personnes sensées mettent au rang des fables. Rien ne prouve mieux la fausseté de toutes ces allégations que l'idée que PYTHAGORE avoit de la Divinité & de fa providence.

Il reconnoiffoit un feul Dieu auteur de toutes chofes. Cet Etre tout-puiffant a d'abord créé des Dieux immortels, entiérement femblables à lui, pour donner une image de lui même ; & au-deffous d'eux il a établi des Anges qui en font une image. Il plaçoit ces derniers en différentes fpheres, & vouloit qu'on les honorât ainfi que les Dieux, en proportionnant leur culte à leur dignité, & en rapportant ce culte au Dieu feul qui les avoit créés.

Au-deffous des Anges il plaçoit les ames des hommes, qu'il appelloit les dernieres des fubftances raifonnables. Or ces fubftances font telles, felon lui, que quand elles ont dépouillé dans ce monde toutes les affections charnelles, & qu'elles ont orné & relevé leur nature par leur union avec Dieu, elles deviennent dignes des refpects & des hommages des autres hommes.

Ayant reconnu que Dieu eft l'effence même de la bonté, il conclut que cette même bonté eft la feule caufe de la création des êtres, & qu'il a par une conféquence néceffaire créé chaque chofe dans l'état qui eft le meilleur pour chacune : ainfi tout eft bien : principe que le célebre *Leibnitz* a fi bien développé fous le nom d'*Optimifme* (1).

A l'égard de la création, il la concevoit de la maniere la plus fublime : il difoit que c'eft la penfée feule de Dieu & fa volonté qui a tout créé ; c'eft-à-dire que *créer* pour Dieu c'eft *penfer* & *vouloir*, & que tout a exifté par la feule détermination de fa volonté & de fa penfée.

Ça été fans doute pour ternir l'éclat de cette belle doctrine, qu'on a attribué à fon Auteur celle de la tranfmigration des ames dans d'autres corps. On a même écrit que ce Philofophe fe vantoit à cet égard d'un privilege tout particulier : c'étoit de fe fouvenir dans quels corps il avoit paffé avant que d'être PYTHAGORE, en remontant jufqu'au fiege de Troie. Depuis le plus ancien Hiftorien que nous connoiffions, *Hérodote*, qui en a parlé le premier, on a affuré cela dans toutes les hiftoires générales & particulieres de la Philofophie. D'après *Héraclide* de Pont, qui avoit fréquenté

---

(1) Voyez l'Hiftoire de *Leibnitz* dans le Tome IV de l'*Hiftoire des Philofophes modernes*.

l'école de notre Philofophe , *Diogene de Laërce* a écrit qu'il doit avoir été pre-miérement *Æthetlide* , fils putatif de Mercure , enfuite *Euphorbe* ; que du corps d'*Euphorbe* fon ame paffa dans le corps d'*Hermatime* , de celui-ci dans le corps d'un pêcheur , & enfin dans celui de PYTHAGORE. *Aulugelle* , dans fes *Nuits Attiques* , L. VI , C. 11 , rapporte un peu différemment cette tranfmigra-tion. Il dit qu'à la troifieme génération notre Philofophe fut une très belle cour-tifanne , nommée *Alce :* mais il eft d'ac-cord fur le fond. Et c'eft un fentiment généralement reçu , que notre Philo-fophe a enfeigné publiquement la doc-trine de la Métempfycofe , & que cette doctrine qu'il avoit empruntée des Egyp-tiens ou des Brachmanes , étoit le dogme principal de fa Philofophie.

Cependant on n'a trouvé aucune preuve de cela , ni dans fes fymboles , ni dans fes préceptes que fon difciple *Lyfi* a recueillis , & qu'il a laiffés comme un précis de fa doctrine fur les ames des hommes. Il paroît au contraire par ces préceptes que les ames ne fe dégradent ou ne s'ennobliffent que par le vice ou la vertu. C'eft ainfi que l'a expliqué le

Philosophe *Hiéroclés*, célebre Pythagoricien. Ce qu'il dit à ce sujet mérite la plus grande attention : » Celui qui s'at
» tend qu'après sa mort il se revêtira du
» corps d'une bête, qu'il deviendra ani
» mal sans raison à cause de ses vices,
» ou plante à cause de sa pesanteur &
» de sa stupidité ; celui là prenant un
» chemin tout contraire à ceux qui
» transforment l'essence de l'homme en
» quelqu'un des êtres supérieurs , & la
» précipitant dans quelqu'une des sub
» stances inférieures , se trompe infini
» ment , & ignore absolument la forme
» essentielle de notre ame qui ne peut
» jamais changer ; car étant & demeu
» rant toujours l'homme , elle est dite
» devenir Dieu ou bête par la vertu ou
» par le vice , quoiqu'elle ne puisse
» être ni l'un ni l'autre par sa nature,
» mais seulement par sa ressemblance
» avec l'un ou l'autre.

Cela est vrai. PYTHAGORE n'a donc pu enseigner la Métempsycose que dans un sens moral & allégorique. C'est la conséquence que tire M. *Dacier* de ce récit d'*Hiéroclès* , & il la soutient par des preuves qui me paroissent victorieuses : le lecteur en jugera sur cet échantillon. Le fujet eft trop intéreffant pour ne pas l'éclaircir autant qu'il eft poffible.

Après avoir fortifié le rapport d'*Hiéroclès* par ce qu'on lit dans *Timée* de Locres, que les Philofophes font obligés de guérir les ames par le menfonge quand elles fe refufent aux vérités fimples, & que c'eft pour cela qu'ils enfeignent alors que l'ame d'un débauché paffe dans le corps d'un pourceau, celle d'un meurtrier dans celui d'une bête féroce, &c. après cela, dis-je, M. *Dacier* ajoute : «Mais ce qui eft encore plus » fort & plus concluant, c'eft que *Lyfis*, » l'ami particulier de PYTHAGORE, & » celui qui avoit reçu de fa bouche les » dogmes qu'il enfeigne dans fes vers » dorés, dit formellement que quand » l'ame, après s'être purifiée de fes » crimes, a quitté le corps, & qu'elle » eft retournée dans le ciel, elle n'eft » plus fujette à la mort, & jouit d'une » félicité éternelle : nulle mention de » ce paffage de l'ame dans plufieurs » corps : c'eft pourtant là que cette » doctrine devoit être débitée.

» Si dans la fuite des temps cette fic- » tion a été enfeignée par des Philo-

» sophes ignorants & grossiers comme
» une vérité réelle, si on trouve qu'elle
» a passé dans la Judée, où l'on voit
» les Juifs & *Hérode* instruits de cette
» superstition, & si encore aujourd'hui
» dans les Indes elle est prise à la lettre
» par des peuples fort ignorants, cela
» ne change pas la nature du dogme.
» Tous les dogmes doivent être expli-
» qués par le sens qu'ils ont eu à leur
» naissance, & nullement par celui que
» les siecles suivants leur ont donné (1).

Voilà donc PYTHAGORE pleinement
lavé du reproche d'avoir cru & enseigné littéralement la transmigration des
ames, & je suis étonné que les Historiens de la Philosophie lui aient attribué
cette doctrine aussi gratuitement qu'ils
l'ont fait. Quand il s'agit de tacher la
mémoire d'un grand homme par quelque opinion ridicule, il ne faut point
s'en rapporter à ce que des personnes
peu instruites ou mal intentionnées en
ont dit, mais examiner si cette opinion
se trouve dans ses écrits, & le juger
d'après lui-même & non sur le rapport
d'autrui.

---

(1) *Vie de Pythagore*, Tome I, page LXXXVII.

C'eſt ainſi qu'on s'eſt comporté ſur une défenſe de notre Philoſophe, quoique cette défenſe ſinguliere méritât moins d'attention que la doctrine de la Métempſycoſe. Il s'agit de ſavoir pourquoi il recommandoit à ſes diſciples de s'abſtenir des feves. Les uns ont dit qu'il défendoit abſolument ce légume, & les autres ont prétendu que bien loin de le défendre, il en mangeoit ſouvent lui même : ceux-ci veulent que cette défenſe ſoit un précepte moral, & que PYTHAGORE ait recommandé par-là deux choſes à ſes diſciples : la premiere, de ne pas ſe mêler du gouvernement ; ce qu'exprimoit l'abſtinence des feves, parcequ'aux élections & aux jugements on donnoit les ſuffrages avec des feves noires ou blanches : & la ſeconde, de conſerver la pureté de l'ame, la feve étant le ſymbole de l'impureté.

La raiſon de ce ſymbole eſt que les feves reſſemblent aux parties qu'on ne nomme pas, & qu'elles excitent à la luxure. Cette ſeconde raiſon vaut ſans doute mieux que la premiere. On veut encore que les feves reſſemblent auſſi aux portes de l'enfer. *Feſtus* a même écrit qu'il y a une marque lugubre ſur les fleurs de ce légume , & on affuroit qu'elles contiennent les ames des morts. Sur tout cela un favant , nommé *Win-det* , a fait un commentaire trop curieux pour le paffer fous filence.

Il convient d'abord que les feves furent interdites par un principe de chafteté ; mais il veut que , felon PYTHA-GORE , defcendre dans les enfers , fignifie être engendré , qui eft le changement que fouffre une ame qui fort des régions fupérieures pour s'unir fur la terre à un corps organifé. Il fait voir enfuite que les feves , n'ayant point de nœuds dans lenr tige , reffemblent aux portes de l'enfer par où les ames ont toujours l'entrée libre quand il s'agit de génération. Enfin il ajoute que notre Philofophe confidérant cette vie comme une efpece de mort ou d'exil , faifoit en forte qu'on n'engendrât pas & qu'on s'efforçât de retourner aux lieux céleftes (1).

Ce commentaire, tout extraordinaire qu'il eft , eft moins étonnant que l'affertion de quelques Hiftoriens , que PY-THAGORE ayant été pourfuivi par des

____

(1) *Dict. de Bayle* , art. *Pythagor.* Note 1.

Crotoniates, aima mieux se laisser tuer par ceux qui le poursuivoient, que de se sauver à travers un champ de feves, tant il respectoit ou abhorroit cette plante (1) : on ne sait lequel des deux, & cette incertitude convient bien à cette fable.

Ce qu'il y a de plus raisonnable dans cette défense de s'abstenir des feves, c'est qu'elle renfermoit un ordre caché de ne pas se mêler des affaires publiques, & de renoncer à toute impureté. Ainsi en réduisant cette défense en symbole par cette expression , *abstenez-vous des feves*, cela veut dire : abstenez-vous de tout ce qui peut nuire à votre santé , à votre repos , à votre réputation.

Ce qui confirme cette explication , c'est que la plupart des symboles de notre Philosophe avoient un double sens que ses disciples observoient avec la plus grande exactitude : en voici quelques exemples :

Ne déchirez point la couronne : cela veut dire, ne corrompez pas les joies de la table par les inquiétudes ; & il signifie aussi , ne violez pas les loix de la patrie.

______

(1) Bayle , *ubi suprà.*

Ne portez pas l'image de Dieu sur votre anneau. Le premier sens de ce symbole est qu'il ne faut pas profaner le nom de Dieu ; & le second, c'est qu'en portant l'image de Dieu sur son anneau, on risque de la profaner par des actions profanes qu'on est obligé de commettre nécessairement dans la vie civile.

Ne marchez pas par le chemin public. Ce symbole est simple, il signifie : ne suivez pas les opinions du peuple, mais les sentiments des sages. Ceux-ci sont de la même nature. *Ne portez point un anneau étroit,* pour dire, menez une vie libre, & ne vous jettez pas vous même dans les fers. *Semez la mauve, mais ne la mangez pas,* pour dire, ayez de la douceur pour les autres & jamais pour vous. *Ne nourrissez point des animaux qui ont les ongles crochus :* cela signifie, ne souffrez point dans votre maison des gens qui ne sont pas fideles. *Ne mangez pas des poissons qui ont la queue noire ;* c'est-à-dire, ne fréquentez pas des hommes diffamés & perdus de réputation, &c.

C'étoit le goût de PYTHAGORE de débiter ses plus beaux préceptes de morale sous le voile de l'énigme. On prétend que ses disciples en avoient le mot. Le

public le cherchoit toujours & le manquoit souvent. La seule chose que notre
Philosophe a dite clairement, c'est que
nous devons faire tous nos efforts pour
nous rendre semblables à la Divinité,
& que le moyen d'y parvenir est *de faire*
la guerre aux maladies du corps, à l'igno-
rance de l'esprit, aux passions du cœur,
aux séditions des villes, & à la discorde
des familles. Le plus beau présent que
Dieu ait fait aux hommes, *c'est*, ajoutoit-il, *la faculté d'être utile à ses sembla-*
bles, & de leur apprendre la vérité.

PYTHAGORE étoit très bel homme,
tellement que ses disciples croyoient
qu'il étoit Apollon. Il portoit une robe
blanche qu'il avoit soin de tenir fort
propre. Jamais on ne le surprit en gour-
mandise ou en ivresse, ni en débauche
d'amour. Il ne vivoit que de miel & de
légumes cruds ou bouillis qu'il mangeoit
avec du pain. Il s'abstenoit de vivre aux
dépens d'autrui, & savoit si bien réprimer sa colere, qu'elle n'eut jamais d'empire sur sa raison.

L'austérité de sa vie, sa sagesse & son
grand savoir lui concilierent tellement
l'estime & la vénération de tout le monde, que rien n'égaloit le respect qu'on

avoit pour lui. On le regardoit comme la plus parfaite image de Dieu parmi les hommes, & il conservoit dans l'esprit de ses disciples toute la majesté de cette image divine. On appelloit sa maison le temple de Cerès, & sa cour le temple des Muses. Et quand il alloit dans les villes on disoit qu'il y alloit non pour enseigner les hommes, mais pour les guérir.

Il établissoit que nos amis sont l'image de ceux qui ont quitté le monde après avoir relevé la nature humaine par leur union avec Dieu, & après nous avoir instruits par leurs préceptes & par leurs exemples : d'où il tiroit cette conséquence : comme parmi les morts nous n'honorons que les hommes vertueux, nous qui sommes leurs disciples dans cette vie, nous ne devons nous attacher qu'à ceux qui leur ressemblent, & qui peuvent nous aider à parvenir à la même félicité ; car le but de l'amitié ne doit être que la communication des vertus & notre union avec les bienheureux. Voilà pourquoi un Pythagoricien préféroit l'amitié d'un Pythagoricien à celle de tous les autres hommes.

L'Auteur de la vie de PYTHAGORE,

pour preuve de cet attachement, raconte une histoire très piquante. Il dit qu'un Pythagoricien qui voyageoit, étant tombé malade en route, & ayant mangé tout ce qu'il avoit, fut réduit à la discrétion & à la charité de son hôte qui, heureusement plein d'humanité, fournit à sa dépense, & en eut tout le soin possible. Le malade empira, & prêt à mourir, il demanda de l'encre & du papier, sur lequel il écrivit en peu de mots son accident, mit au bas un symbole de PYTHAGORE pour faire voir qu'il étoit son disciple, & recommanda à son hôte d'afficher ce papier dans un lieu public dès qu'il seroit enterré.

Quoique l'hôte n'entendît rien à ce placard, il l'afficha néanmoins, après les obseques, à la porte du temple. Quelques mois s'écoulerent sans qu'il entendît parler du placard ; mais au bout de ce temps un Pythagoricien l'ayant vu en passant, & ayant reconnu par le symbole qu'il étoit d'un confrere, alla aussi-tôt chez l'hôte, lui paya tous ses frais, & le récompensa encore de son humanité.

L'Evangile nous propose des exemples de charité encore plus parfaits, comme

M. *Dacier* le remarque fort à propos ; mais on trouveroit peut-être difficilement aujourd'hui un Chrétien qui fît pour un autre Chrétien ce qu'un Pythagoricien faisoit pour un confrere qu'il n'avoit jamais vu ni connu.

Aussi PYTHAGORE n'estimoit que ceux de sa secte, qu'on nommoit la *Secte Italique*, & regardoit tous les autres hommes comme de vils esclaves dont il ne faisoit point de cas. Il ne tint point à lui que, conformément à ses principes, tous les hommes fussent savants & vertueux ; mais quoiqu'il se fût concilié par là la vénération de tout le monde, comme je l'ai déja dit, il éprouva cependant ce que peut l'injustice, la corruption & l'inconstance des hommes pervers sur le mérite & la vertu qui les humilient. Il fut persécuté vers la fin de ses jours : on dit même qu'il mourut d'une mort tragique : sur quoi les sentiments sont partagés. Les uns assurent qu'il fut tué à Metapont dans une émeute ; & d'autres soutiennent qu'il mourut de faim dans le temple des Muses où il s'étoit réfugié : mais l'opinion la plus commune & la plus vraisemblable est qu'il mourut à Metapont sans violence, âgé de quatre-vingt-dix ans, dans une maison où il s'étoit retiré, après avoir demeuré vingt ans à Crotone. On convertit sa maison en un temple, & on l'honora comme un Dieu.

Après sa mort, sa doctrine se répandit dans toute la Grece & dans l'Asie. Les Romains l'adopterent, & ils la trouverent si belle, qu'ayant reçu un oracle qui leur ordonnoit d'ériger des statues au plus sage & au plus vaillant des Grecs, ils firent élever dans une place publique deux statues de bronze, l'une à *Alcibiade*, comme au plus vaillant, l'autre à PYTHAGORE, comme au plus sage.

Ce Philosophe laissa en mourant ses écrits à sa fille *Damo*, avec défense de les communiquer à personne hors de sa famille. *Damo* obéit si exactement, que quoique dans une extrême pauvreté, elle refusa une grosse somme d'argent qu'on lui offrit de ces ouvrages : elle aima mieux être pauvre que de ne point obéir aux derniers ordres de son pere.

Cependant un de ses disciples (*Lysis*) nous a conservé un précis de sa Philosophie dans une composition qui est intitulée *les Vers dorés de* PYTHAGORE, pour faire voir qu'en genre de morale c'est ce qu'il y a de meilleur. Ces vers ont été commentés par *Hiéroclès*, Philosophe d'Alexandrie, & publiés avec le commentaire par M. *Dacier* à la suite de la *Vie de Pythagore*. A l'égard de ses découvertes, elles nous ont été transmises par ses disciples qui en tenoient compte avec tant de religion, qu'on doit regarder tout ce qu'ils ont écrit de la doctrine de leur maître comme son propre ouvrage.

PYTHAGORE eut la gloire de former des disciples qui devinrent d'habiles Législateurs & de grands Philosophes, lesquels eurent pour lui une si grande vénération, qu'ils auroient cru faire un crime que de mettre en doute la vérité de ses opinions; de sorte que quand on leur en demandoit les raisons, ils se contentoient de répondre : *Le Maître l'a dit ; Magister dixit.*

Les Législateurs les plus célebres sont *Charondas* qui gouverna la ville de Thurium, & *Zaleucus* qui donna des loix à celle de Locres. Le premier chassa du Conseil & priva de toute fonction publique ceux qui avoient donné des marâtres à leurs enfants, & établit pour l'instruction de la jeunesse des Maîtres payés des deniers publics : ce qu'on n'avoit point encore vu.

Le second, après avoir exhorté les citoyens à la piété & les Magistrats à la justice, s'attacha sur tout à réformer le luxe. Il défendit aux femmes de porter ni or ni broderie, à moins qu'elles ne fissent profession de courtisannes, & aux hommes ne porter ni anneaux d'or, ni habits magnifiques, sous peine de passer pour débauchés.

A l'égard des Philosophes qui sont sortis de l'école de PYTHAGORE, les plus distingués sont *Empedocle, Archytas & Philolaé.*

Le premier admettoit quatre éléments, l'eau, le feu, la terre & l'air, accompagnés d'un accord qui les unit, & d'une antipathie qui les sépare. Ces éléments, quoique sujets à des changements continuels, ne périssent jamais : ainsi l'ordre de l'univers est éternel. Tantôt une correspondance unit ses parties, & tantôt une contrariété les fait agir séparément. Selon lui, le soleil est un globe de feu, & le ciel est un crystal.

Ce Philosophe étoit sur-tout recommandable par son mépris pour les gran-

deurs & fon amour de la fageffe. Il préféra une condition médiocre à la royauté qu'on lui offrit. Et voilà ce qu'on
appelle être Philofophe.

Archytas, à l'exemple de PYTHA-
GORE fon maître, cultiva les mathématiques, & fon génie fecondant fes travaux & fon zele, il enrichit la mécha-
nique de plufieurs belles découvertes.
Premiérement il employa avec fuccès
le mouvement pour décrire des figures
de géométrie : ce qui lui procura une
folution facile de plufieurs problêmes de
cette fcience. En fecond lieu il inventa
la poulie & la vis ; & enfin on lui attribue la conftruction d'une fort jolie machine : c'eft une colombe artificielle qui
imitoit le vol des colombes ordinaires.

Ce Pythagoricien avoit une grande
idée de la beauté de l'univers ; car il
difoit que fi quelqu'un pouvoit fe tranf-
porter au ciel & contempler l'ordre des
corps céleftes & le monde entier, il
feroit ravi en admiration. C'étoit un
homme de bien qui joignoit à un grand
favoir beaucoup de modeftie. Il regardoit la volupté & l'amour des plaifirs
comme la pefte de la fociété, & ne
ceffoit de déclamer contre eux. On le
tira

tira souvent de l'obscurité de son cabinet pour lui donner les emplois les plus importants & les plus honorables. On lui confia sept fois la régence, malgré la loi qui défendoit qu'on l'exerçât plus d'un an, & il commanda sept fois aussi l'armée des Tarentins sans être vaincu : il estimoit infiniment *Platon* qu'il garantit de la tyrannie de *Denis*, comme on peut le voir dans l'histoire de *Platon*, Tome II de cette histoire (1).

On doit à *Philolaé* l'idée du mouvement de la terre autour de l'écliptique : idée heureuse qui forme la base du système de *Copernic*, dont tout le monde connoît la solidité. Il croyoit que le soleil n'a ni lumiere ni chaleur, que c'est un miroir qui réfléchit l'une & l'autre qui lui viennent des planetes : mais ce sentiment n'a été accueilli par personne. Ce Philosophe étoit né à Crotone, & y mourut soupçonné d'avoir aspiré à la tyrannie. *Diogene de Laërce* qui nous apprend cela, ne dit point si ce fut d'une mort naturelle ou forcée. Il semble que c'est de cette derniere, à

______

(1) Voyez la Vie d'*Archytas* dans *Diogene de Laërce*, & dans le *Dictionnaire* de M. *Chaufepié*, art. *Archytas*.

Tome IV. N

en juger par cette épigramme que cet Hiſtorien a faite contre lui : » Les ſoup-
» çons eurent toujours de mauvaiſes
» ſuites. Ne fiſſiez-vous aucun mal , on
» vous tiendra pour coupable ſi vous
» paroiſſez en faire : ainſi périt autrefois
» *Philolaé* par un ſoupçon qu'il vouloit
» impoſer un rude joug à Crotone ſa
» patrie.

Au reſte , *Philolaé* eſt le premier qui a expliqué les ſymboles de PYTHA-GORE. Son ouvrage étoit en trois vo-lumes. *Dion* les acheta cent mines par les conſeils de *Platon* ſon ami & ſon maître , qui lui conſeilla d'en donner cette ſomme pour ſoulager l'extrême pauvreté de *Philolaé*.

ANAXAGORE

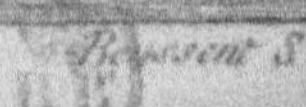

ANAXAGORE *.

L'ÉCOLE de *Pythagore* subsista jusqu'à
la fin du regne d'*Alexandre* le Grand.
Vers ce temps-là l'Académie & le Lycée
eurent un si grand succès , qu'on ne
parla plus de cette école : mais pendant
qu'elle florissoit & qu'elle éclairoit les
hommes de la grande Grece , l'école de
Thalès ou de Milet brilloit à Lampsaque
où un disciple d'*Anaximenès* l'avoit trans-
férée : c'est ANAXAGORE , né à Clazomene dans l'Ionie en l'an 500 avant
J. C. On ne sait ni le nom ni l'état de
ses parents. *Diogene de Laërce* nous apprend seulement qu'il étoit distingué par
la noblesse de son extraction & par ses
richesses , & qu'il se rendit recommandable par sa générosité.

Encore fort jeune , ANAXAGORE
céda son patrimoine à ses proches , afin
de pouvoir se livrer avec plus de liberté,
sans aucune distraction , à l'étude de la

---

* *Diogene de Laërce* , Liv. II. *Dictionnaire de Bayle* ,
art. *Anaxagoras & Archelaüs. Jac. Brucker. Histor. crit.
Philos.* Tome I. *Mém. de l'Academ. des Inscript. & Belles-
Lettres* , Tome XIII & XVIII , &c. &c.

Philofophie. Il croyoit que les foins d'un héritage étoient des entraves qui empêchoient de s'avancer vers le but qui eft le plus digne de notre amour , celui de pofféder la fageffe & de connoître la vérité : il refufa par la même raifon de fe mêler des affaires publiques : deux actions dignes des plus grands éloges , & dont notre Philofophe connoiffoit bien le prix ; car il convenoit que c'eft à cet abandon des biens & des honneurs qu'il étoit redevable de fon falut : il appelloit ainfi la fcience qu'il avoit acquife.

On ignore abfolument quelle éducation il reçut , & s'il y avoit dans fa patrie des Philofophes qui aient pu lui enfeigner les éléments des fciences. On lit dans l'Hiftoire qu'à l'âge de vingt ans il alla philofopher à Athenes , & que fa doctrine y fut accueillie par des perfonnes recommandables , & par leur naiffance , & par leurs lumieres. On diftingue parmi ces perfonnes *Périclès* , Roi d'Athenes , le célebre *Euripide* & l'illuftre *Socrate.* Cette doctrine étoit fans doute le fruit des études qu'il avoit faites à Clazomene & à Athenes ; car il n'eft pas vraifemblable qu'à l'âge où

il arriva à Athenes il en fût affez pour
inftruire les autres , & qu'il eût déja fait
le fyftême de Philofophie qui lui a acquis
une fi grande réputation. Tout cela ne
pouvoit être que le fruit du temps &
d'une application conftante.

Il faut donc fuppofer qu'il étoit déja
avancé en âge lorfqu'il ouvrit fon école
à Athenes , & qu'il avoit fu mettre à
profit les inftructions des Savants qu'il
étoit allé confulter dans cette grande
ville. Ce qu'il y a de certain , c'eft
qu'aucun Philofophe n'a eu plus de paffion pour l'étude que lui : il lui avoit fa-
crifié fon patrimoine à Clazomene , &
il négligeoit à Athenes le foin du peu de
bien qu'il poffédoit encore. Ses amis lui
en faifoient fouvent des reproches , &
l'exhortoient à y donner quelques heures de fon temps : mais il leur répondoit que cela étoit impoffible : *Comment
voulez-vous* , leur difoit-il , *que je partage
mon temps entre mes affaires & mes études ,
moi qui préfere une goutte de fageffe à une
tonne d'or ?*

En examinant le fyftême de *Thalès*
que j'ai analyfé ci-devant , ANAXA-
GORE trouva que dans ce fyftême ce
Philofophe avoit négligé de faire inter-

venir un agent dans la confidération des
éléments dont il forme le monde. Il voulut fuppléer à ce défaut. Dans cette vue
il commença à définir exaêtement cet
agent , & à connoître fa nature. Ses
méditations le conduifirent à cette vérité : L'agent qui s'eft fervi des éléments
pour former le monde , & dont il fait
ufage pour l'entretenir , eft un *être fimple*
& pur , un être fouverain , qui connoît
tout , qui meut tout , & qui eft par-tout
fans fe mêler avec aucune chofe. Il chercha enfuite à connoître la maniere dont
cet agent , c'eft-à-dire Dieu , avoit formé les êtres qui compofent l'univers. Et
voici le raifonnement qu'il fit pour parvenir à cette connoiffance.

Aucun être ne fe fait de rien & ne fe
réduit à rien. Si la terre , par exemple ,
étoit formée de chofes qui ne fuffent
point terre , elle fe feroit de rien ; & fi
ayant été terre elle ceffoit d'être terre ,
elle feroit anéantie : il faut donc qu'elle
fe faffe de ce qui eft terre , & que dans
ce qu'on nomme deftruêtion ou corruption elle fe réfolve en parties qui foient
terre. Ainfi il n'y a point de génération ,
point de corruption , point de naiffance
ni de mort proprement dites , la géné-

ration d'un arbre n'étant autre chose
que l'assemblage de plusieurs arbres,
& sa destruction n'étant aussi que la
désunion & la dispersion de plusieurs
arbres.

De ce raisonnement ANAXAGORE
conclut que les éléments de cet univers
ne sont que les petites parties de chaque
tout; que les os sont formés de petits
os, les veines de petites veines, les intestins de petits intestins; que la terre
est composée de petites parties semblables; que le feu, l'eau, l'or, & tout
ce qui est dans la nature, n'ont point
d'autres principes que leurs petites parties, que des *parties similaires*, connues
sous le nom d'*homœoméries*.

Mais c'est abuser du nom de principe,
s'écrie *Lucrece* dans l'analyse qu'il fait de
ce système, » que de le donner à des
» choses qui sont de même nature que
» celles qu'elles composent, & dont la
» foiblesse les soumet aux dures loix de
» la dissolution & de la destruction; de
» sorte que rien ne les peut sauver de
» leur anéantissement : car dans une
» violente attaque qui sera faite au com-
» posé, lequel de ces prétendus prin-
» cipes pourra résister aux traits de la

» mort & le défendre d'une apparente
» deftruction? Sera-ce le feu, l'eau,
» l'air, le fang & les os ? Non fans
» doute, puifque ces chofes font mani-
» feftement auffi périffables que celles
» dont nous voyons la deftruction (1).

Les veines, le fang, les os & les nerfs
font donc compofés de parties étrangeres, puifque c'eft à la nourriture que
le corps doit fon accroiffement & fa ré-
paration, à moins qu'on ne dife qu'il y
a dans les aliments des parcelles de nerfs,
d'os, de veines, &c. ce qui n'eft pas
foutenable. D'ailleurs fi tous les corps
qui font produits de la terre font faits de
petites parties de terre, la terre doit
être formée de parties hétérogenes.

Bayle attaque cette doctrine des homœoméries avec plus d'avantage encore. ANAXAGORE, dit-il, fe fonde fur
une fauffe fuppofition, favoir, que de
rien il fe feroit quelque chofe, fi les
parties du pain, qui fourniffent la nourriture aux os, n'avoient pas eu la nature
d'os dans le pain même Quoi ! ajoute-
t-il, une maifon ne fe fait-elle pas de
matériaux qui ne font pas une maifon ?

---

(1) *T. Lucretii Cari, de natura rerum.* L. 1.

Quatre lignes, dont aucune n'est quarrée, ne font-elles pas un quarré ? Avec plusieurs aunes de drap, dont aucune n'est un habit, ne fait-on pas un habit ? Y a-t-il là le moindre vestige de création ? Tout dépend de l'arrangement. Or si dans les choses artificielles le seul changement de la figure & de la situation des parties suffit à former un tout qui est différent de chacune de ses parties, quant à son espece & à ses propriétés, pourquoi la nature, infiniment plus habile que l'art humain, ne formera-t-elle pas des os & des veines ? Il faut seulement pour cela que des corpuscules puissent recevoir telle ou telle situation, telle ou telle configuration. De cette maniere, sans que de rien il se fasse quelque chose, ce qui n'étoit point chair deviendra chair (1).

Ce raisonnement suffit pour anéantir la doctrine des homœoméries : mais *Bayle* ne s'en tient pas là : il vient encore, armé de toutes pieces, attaquer de nouveau cette doctrine pour faire voir qu'elle est pleine de contradictions : voici un échantillon de ses arguments.

Suivant ANAXAGORE, chaque chose

---

(1) *Dict. de Bayle*, art. *Anaxagoras*, note C.

N 5

est composée de particules semblables : mais comme les aliments les plus simples peuvent être la matiere dont toutes les parties d'un animal se nourrissent , il faut que l'herbe d'un pré contienne actuellement des os , des ongles & des cornes , beaucoup de sang , beaucoup de chair , beaucoup de peaux & de poils , &c. elle n'étoit donc point composée de particules semblables : elle étoit plutôt un assemblage de toutes sortes d'hétérogénéités.

Ce qu'on dit de l'herbe convient au lait , au vin, à l'eau , au pain, & à une infinité d'autres choses. Voilà donc des premiers principes qui sont homogenes & qui ne le sont pas.

Outre cela , pour soutenir son système , notre Philosophe auroit dû supposer que les particules se trouvoient & en plus grand nombre & en plus petit nombre dans le pain : en plus grand nombre , puisque le composé s'appelloit du pain : en plus petit nombre , puisque peu d'heures après que le pain a été mangé , il s'appelle chyle , & ne montre dans toutes ses parties sensibles que les qualités du chyle. De là suit une contradiction , c'est que les homogénéités

font tout enfemble & plus nombreufes
& moins nombreufes dans un même
mixte, &c. (1).

Cependant quelque fauffe que foit
cette doctrine, fon Auteur mérite les
plus grands éloges pour avoir foutenu
le premier qu'un être intelligent a dé-
brouillé le chaos de l'univers & produit
le mouvement de la matiere ; au lieu
qu'avant lui les Philofophes foutenoient
que le monde devoit fon exiftence au
hafard, ou à une fatalité aveugle. Voilà
ce qui lui acquit fur-tout l'eftime des
Athéniens, lefquels le furnommerent
l'*Efprit* ou l'*Entendement*. Il eût été digne de celle de tous les Sages, s'il n'eût
taché fon orthodoxie en voulant trop
approfondir la nature de cette Intelligence.

Dans le deffein d'expliquer les effets
de la nature, il examina ces effets, &
jugea que certaines chofes de ce monde
arrivent les unes par néceffité, d'autres
par la deftinée, celles-ci par délibéra-
tion, celles-là par la fortune, & les
dernieres par hafard. En détaillant ainfi
ces diftinctions, il fruftra l'Intelligence

---

divine de la connoiſſance de pluſieurs événements : il fit de cette Intelligence un *Dieu de machine* , c'eſt-à-dire qu'il ne recouroit à lui que dans le cas de néceſſité , & lorſque toutes les autres raiſons lui manquoient : auſſi a-t-on reproché juſtement à ANAXAGORE de n'avoir pas toujours maintenu les droits & la dignité de ſon Intelligence ſuprême.

On lui a fait auſſi une autre querelle , mais avec moins de raiſon. Avant lui les Philoſophes attribuoient au haſard la formation de tous les êtres dont l'univers eſt compoſé : de ce ſentiment impie , ils concluoient que les organes n'avoient pas été donnés à l'homme afin qu'il s'en ſervît , mais que l'homme ayant trouvé que ſes organes étoient propres à la plupart des fonctions de la vie , il les avoit employés à cet uſage. ANAXAGORE qui admettoit une Intelligence ſuprême , blâma tout haut cette conſéquence que ces Philoſophes tiroient de leur mauvais principe. Il fit de nos organes , & nommément de nos mains qu'il déſigna expreſſément , les inſtruments de notre induſtrie , & même de notre ſageſſe.

Plutarque trouve cette idée d'autant plus fauſſe , que la propoſition contraire

est , selon lui , la véritable. L'homme ,
dit-il , n'est pas le plus sage des animaux , parcequ'il est né raisonnable &
ingénieux : c'est à la nature qui lui a
donné l'industruie & la raison , qu'il
doit ses outils *raisonnables & ingénieux* ,
c'est-à-dire , ses mains. *Bayle* estime
cette censure ridicule , & c'est avec
justice : il est certain que *Plutarque* n'a
pas du tout saisi le sentiment d'ANAXA-
GORE.

En effet , il ne s'agit pas de savoir si la
nature a donné à l'homme des outils raisonnables & ingénieux , c'est-à-dire des
mains industrieuses , mais de connoître
ce que nous devons à nos mains : or il est
certain que sans elles l'homme n'auroit
rien produit : point d'arts , point de secours pour les sciences, point de moyens
de transmettre ses pensées : les deux
pouces même de nos mains sont les outils de toutes nos productions , de toutes
nos inventions, de tous nos instruments,
machines , manufactures , &c. Notre
Philosophe a donc raison de faire de nos
mains les instruments de notre industrie ,
& même de notre sagesse, & il est inutile
de dire comme *Plutarque* , que c'est la
nature qui lui a donné ces instruments ,

parcequ'on fait bien que la nature a doué l'homme de tout ce qu'il poffede ; mais ce don n'a aucun rapport à la queftion préfente.

Quoiqu'ANAXAGORE s'appliquât particuliérement à l'étude de la nature , il ne négligeoit pas cependant celle de la politique. Il s'en étoit fait un fyftême d'après *Homere*. Il prétendoit que le but de ce grand Poëte avoit été d'enfeigner dans fes poëmes que la politique confifte dans la juftice & dans la vertu, & cela par des narrations allégoriques : mais en adoptant cette définition , il l'étudioit en Phyficien, c'eft-à-dire, en homme qui recherche le principe des chofes & en examine la nature. C'eft fuivant cette méthode qu'il inftruifit *Périclès* , & qu'il en fit un grand homme d'Etat & un excellent Orateur. *Périclès* en fut reconnoiffant pendant toute fa vie , & il donna dans toutes les occafions à fon maître des marques d'un tendre attachement : il s'en préfenta une fur-tout où tout le crédit de cet illuftre perfonnage fut très néceffaire contre la perfécution que fufciterent à notre Philofophe quelques Prêtres jaloux & ignorants.

Il y avoit long-temps que le mérite supérieur d'ANAXAGORE faisoit ombrage à ces hommes dangereux. Tout le monde admiroit l'étendue & la hardiesse de ses connoissances. Il disoit que le soleil est une grosse masse de feu ; que la lune est habitée, & qu'il y a des montagnes & des vallées ; qu'au commencement les astres se mouvoient en maniere de voûte, de sorte que le pole visible tournoit toujours au-dessus du même point de la terre, mais qu'il acquit ensuite une inclinaison ; que ces astres étoient de pierre & ou de matiere fort compacte, & que le mouvement auquel ils sont employés, les retenoit dans leur orbite ; que la voie lactée est formée par la réflexion des rayons du soleil qui ne sont point interceptés par les astres ; que les cometes sont un assemblage d'étoiles errantes, qui jettent des flammes, & que l'air élance comme des étincelles ; que le tonnerre est produit par le choc des nues, l'éclair par leur frottement, & les tremblements de terre par l'air qui pénetre dans la terre ; que les animaux furent d'abord formés par un mélange d'eau & de terre échauffé à un certain degré, & que les mâles vinrent du côté droit & les femelles du côté gauche , &c. (1).

Il enseignoit encore que la neige étoit noire ; car , disoit-il , la neige est une eau condensée , & le noir est la couleur propre de l'eau. C'étoient ici plutôt des conjectures que des connoissances véritables : cependant on les trouva si belles & même si justes , qu'on combla leur Auteur d'éloges. On croyoit que le Créateur lui avoit révélé le méchanisme de son ouvrage , de sorte qu'une grosse pierre étant tombée sur la côte qu'on appelloit la Riviere de la Chevre , on assura que notre Philosophe avoit prédit la chûte de cette pierre ; qu'il avoit vu il y avoit long-temps , que l'un des corps attachés à la voûte du ciel en seroit arraché & tomberoit sur terre. On voulut même qu'il eût prévu plus d'une fois ces chûtes de pierres , qu'il devinât les événements futurs , qu'il eût averti qu'une maison qu'il avoit examinée tomberoit dans peu de jours ; qu'il savoit lorsqu'il devoit pleuvoir , si bien qu'un jour de beau temps où le ciel étoit clair & serein ,

---

(1) *Diogene de Laërce* , Tome I , page 97 de la derniere traduction françoise.

il prit fon caban comme s'il eût fait mauvais temps , & en effet la pluie tomba
abondamment à la chûte du jour , &c.

Il ne falloit pas êrre forcier pour deviner la plupart de ces événements :
voilà néanmoins ce que fait la pré-
vention fur les efprits foibles & bornés.
Leur intention étoit bonne ; mais ils
rendirent un fort mauvais fervice à
ANAXAGORE en le faifant fi habile. Les
Prêtres qui le voyoient toujours de mauvais œil , crurent qu'il étoit temps de
faire éclater leur reffentiment , dans la
crainte que ce Philofophe ne leur enle-
vât la vénération du peuple : ils l'accu-
ferent d'athéifme , ou du moins d'impiété. *Bayle* croit que le but des accufa-
teurs n'étoit pas feulement de perdre
notre Philofophe , mais d'affoiblir l'autorité de *Périclès :* ils ne pouvoient
mieux y réuffir qu'en accufant celui-là
d'impiété. C'eft prefque toujours, ajoute
cet habile critique , le premier mobile
de cette efpece de procès : veut-on fe
venger de quelqu'un ou fe délivrer de
quelque obftacle d'autorité & de fortune ? on appelle à fon aide les paffions
du peuple par le faux-femblant des intérêts de Dieu.

Il eſt ſans doute étonnant que dans une ville auſſi ſavante qu'Athenes un Philoſophe n'ait pu rechercher la cauſe de la nature des aſtres ſans courir riſque de la vie. N'eſt-ce pas un ſort déplorable, dit encore *Bayle*, que d'avoir plus de lumieres qu'un peuple ſuperſtitieux & conduit par des entêtés ? A quoi ſert cette ſupériorité de génie & de connoiſ-ſances au milieu de telles gens ? Ne tient-elle pas lieu de crime ? N'expoſe t-elle pas à mille diffamations, à mille dan-gers ? Ne jouiroit-on pas mieux des commodités de la vie ſi l'on étoit en-traîné par le torrent de l'ignorance & de la ſupériorité ?

Quoi qu'il en ſoit de cette réflexion affligeante, les plaintes contre ANAXA-GORE furent écoutées : on le traîna en priſon, & on le chargea de fers. Sans murmurer d'un traitement ſi odieux, ce Philoſophe continua de cultiver les ſciences dans les ténebres de ſon cachot : il chercha la quadrature du cercle, & ne la trouva point.

Cependant *Périclès* vint au ſecours de ſon ami. Il alla à l'audience, & demanda aux Juges : « Trouvez-vous qu'il ait » commis quelque crime ? » La réponſe

des Juges à cette question, quoiqu'obscure, paroissoit favorable à ANAXA-
GORE : c'est du moins ainsi que l'interpréta son ami, & il continua : »Je suis
» son disciple ; ne le perdez donc point,
» prévenus par des calomnies : croyez-
» moi plutôt, & rendez-lui la liberté ».
Sans doute qu'il fit valoir ce discours en
étalant toutes les richesses de son éloquence ; mais il ne gagna rien. La superstition avoit joué son rôle avec tant d'a-
vantage, que les Juges avoient les yeux
& les oreilles bouchés. *Périclès* comprit
en sortant tout le péril que couroit notre
Philosophe, & il ne crut pas qu'il y eût
d'autre moyen de lui sauver la vie que
de le faire évader de la prison & d'A-
thenes.

ANAXAGORE sortit donc furtivement
de cette grande ville, & retourna dans
sa patrie pour y voir encore une fois ses
compatriotes ; car son dessein n'étoit
point de s'y rétablir : il en sortit même
après quelques jours de repos, afin
d'aller ouvrir son école à Lampsaque.

Il y reçut tous les écoliers qu'avoit eu
Anaximenès. Il les conduisit avec beaucoup de sagesse, & travailla encore
plus à leur inspirer des sentiments mâles

& généreux qu'à les rendre plus savants.
Ne cherchez pas , leur disoit-il , parmi
les riches & les grands les personnes qui
goûtent la félicité , mais parmi ceux qui
cultivent un peu de terre & qui s'ap-
pliquent aux sciences sans ambition.

Il apprit à Lampsaque que les Juges
d'Athenes l'avoient condamné à mort ;
& il dit à ceux qui lui en donnerent la
nouvelle : *Il y a long-temps que la nature
a prononcé contre mes Juges ainsi que contre
moi un arrêt de mort.* Ces mêmes personnes lui demanderent s'il ne regrettoit
point son pays : *Oui* , dit-il , *levant les
yeux au ciel , j'ai un desir extrême de revoir ma patrie :* réponse admirable &
digne d'un saint personnage & d'un véritable Chrétien. Il eut bientôt cette satisfaction , car il mourut quelque temps
après avoir fait cette réponse.

Etant au lit de la mort , on lui demanda s'il n'eût pas souhaité finir ses
jours à Clazomene sa patrie : *Cela m'est
fort indifférent* , répondit-il ; *le chemin
qui conduit à l'autre monde n'est pas plus
long de Lampsaque que de Clazomene.*
Comme il étoit généralement estimé &
honoré , les principaux de la ville vinrent le voir , & lui demanderent s'il

avoit quelque ordre à donner : il leur
répondit que la feule chofe qu'il fouhai-
toit , c'eft que l'on permit aux enfants
de fe divertir toutes les années dans le
mois qu'il feroit mort : ce qui fut exé-
cuté , & ce qui fe pratiquoit encore du
temps de *Diogene de Laërce.*

ANAXAGORE avoit foixante & douze
ans lorfqu'il rendit le dernier foupir. Il
fut enterré avec pompe, & les habitants
de Lampfaque fe firent un mérite de
rendre à fa mémoire tous les honneurs
poffibles. Ils mirent fur fa tombe cette
belle épitaphe ainfi rendue par ces deux
vers latins :

Hic fitus ille eft , cui rerum patuére receffus

Atque arcana poli , magnus ANAXAGORAS.

On ne fe borna point à ce monument :
on éleva encore deux autels fur fa tombe , un dédié au Bon-fens, & l'autre à la
Vérité. Quel éloge plus magnifique que
celui d'homme vrai & d'homme ju-
cieux !

Quelques Hiftoriens prétendent que
ce fage n'avoit jamais ri ni fouri , &
affurent qu'il eft le premier Philofophe
qui a publié des livres ; mais ils font
contredits par d'autres écrivains qui

croient avoir d'auffi bonnes raifons pour foutenir le contraire. C'eft un problême dont la folution n'eft heureufement point importante pour l'hiftoire de notre Philofophe.

Les plus célebres de fes difciples font *Diogene* d'Apollonie & *Archélaüs*. Le premier fuccéda à ANAXAGORE. Il enfeigna fa doctrine à Lampfaque, à laquelle il ne fit d'autre changement que de fuppofer dans l'air quelque chofe d'immatériel. On dit que c'étoit un efprit fouple & adroit, fufceptible de toutes les formes qu'il vouloit prendre.

A l'égard d'*Archélaüs*, il fut le dernier Profeffeur de l'Ecole Ionique. Il fe trouva trop refferré à Lampfaque, & chercha un plus grand théâtre pour faire briller fes connoiffances & fes talents. Aucune ville ne lui parut plus propre à cette fin qu'Athenes où s'affembloient & ceux qui avoient des connoiffances, & ceux qui vouloient en acquérir. Il y enfeigna que l'air eft la matiere premiere, & que le feu & l'eau font les éléments. Du refte il admit les parties fimilaires, & fa doctrine fur le fyftême phyfique du monde fut affez conforme à celle de fon maitre : feulement il ajou-

toit que la mer eſt contenue dans les
cavités de la terre par laquelle elle eſt
comme tamiſée ; que le ſoleil eſt plus
grand que tous les aſtres, & que l'univers eſt infini. Il apprit encore que la
voix eſt un effet de la percuſſion de l'air,
idée heureuſe que les Phyſiciens eſti-
ment vraie. Mais il fit une nouvelle morale. Il ſoutint que les loix étoient la
ſource du bien & du mal moral ; que
toutes ſortes d'actions ſont indifférentes
de leur nature, & qu'elles deviennent
bonnes ou mauvaiſes par les loix.

Ses diſcours plurent beaucoup à *So-*
crate qui étoit un de ſes auditeurs, &
qui devint ſon diſciple, & ce diſciple a
fait la plus grande gloire du maître.
On croit qu'*Archélaüs* naquit à Milet :
quelques Hiſtoriens prétendent que ce
fut à Athenes, & cela eſt aſſez indifférent.